O COMÉRCIO ELECTRÓNICO
ESTUDOS JURÍDICO-ECONÓMICOS

O COMÉRCIO ELECTRÓNICO
ESTUDOS JURÍDICO-ECONÓMICOS

Glória Teixeira (Coord.)
Ian Walden
Mário Castro Marques
Maria Raquel Guimarães
Rita Tavares de Pina
Adérito Vaz Pinto
Júlia Hornle
Diogo Feio
João Pacheco de Amorim
Luísa Neto

ALMEDINA

TÍTULO: O COMÉRIO ELECTRÓNICO
ESTUDOS JÚRIDICO – ECONÓMICOS

AUTOR: CIJE – FACULDADE DE DIREITO DA UNIVERISDADE DO PORTO

EDITOR: LIVRARIA ALMEDINA – COIMBRA
www.almedina.net

LIVRARIAS: LIVRARIA ALMEDINA
ARCO DE ALMEDINA, 15
TELEF. 239851900
FAX 239851901
3004-509 COIMBRA – PORTUGAL
livraria@almedina.net

LIVRARIA ALMEDINA – PORTO
R. DE CEUTA, 79
TELEF. 222059773
FAX 222039497
4050-191 PORTO – PORTUGAL
porto@almedina.net

EDIÇÕES GLOBO, LDA.
R. S. FILIPE NERY, 37-A (AO RATO)
TELEF. 213857619
FAX 213844661
1250-225 LISBOA – PORTUGAL
globo@almedina.net

LIVRARIA ALMEDINA
ATRIUM SALDANHA
LOJA 71 A 74
PRAÇA DUQUE DE SALDANHA, 1
TELEF. 213712690
atrium@almedina.net

LIVRARIA ALMEDINA – BRAGA
CAMPOS DE GUALTAR
UNIVERSIDADE DO MINHO
4700-320 BRAGA
TELEF. 253678822
braga@almedina.net

EXECUÇÃO GRÁFICA: G.C. – GRÁFICA DE COIMBRA, LDA.
PALHEIRA – ASSAFARGE
3001-453 COIMBRA
E-mail: producao@graficadecoimbra.pt

FEVEREIRO, 2002

DEPÓSITO LEGAL: 176028/02

APRESENTAÇÃO

É com muito gosto que no ano de 2001 o CIJE apresenta mais um trabalho de investigação, desta vez dedicado ao comércio electrónico. E porquê este tema?

Para explicar a razão de ser desta obra, recuamos a 1996 e mencionamos o primeiro trabalho de investigação desenvolvido por uma equipa de docentes da Faculdade de Direito da Universidade do Porto (Luísa Neto, João Pacheco de Amorim e Diogo Feio) que, a pedido da Comissão Europeia, levou a cabo um estudo sobre protecção de dados pessoais em Portugal. Foi o primeiro passo mas outros se seguiram.

Não esquecendo o valioso contributo já prestado neste domínio por vários autores, nacionais e estrangeiros, a equipa de investigadores do CIJE tem privilegiado o estudo de temas específicos, originais, com relevância nacional e internacional.

Alguns destes temas foram apresentados em conferência organizada pela Faculdade de Direito da Universidade do Porto em 28 de Abril de 2000. Agradecemos a Ian Walden e Mário Castro Marques a colaboração e disponibilidade demonstradas nessa ocasião.

Mais recentemente, desenvolveu este Centro um projecto de investigação dedicado aos instrumentos de pagamento electrónico em Portugal (estudo sobre a implementação da Recomendação Comunitária 97/489/EC, integrado na Call for Tender XV/99/01/C), da autoria de Maria Raquel Guimarães.

Um agradecimento especial é devido a Rita Tavares de Pina e Adérito Vaz Pinto pelo tratamento de temas de direito fiscal e comércio electrónico, não só ao nível da tributação do rendimento como também da tributação do consumo.

A Julia Hornle, o nosso sincero reconhecimento pela difícil tarefa de análise de questões jurisdicionais internacionais, em sede de comércio electrónico.

Porto, Novembro de 2001.

A Coordenadora,
Glória Teixeira

SUMÁRIO

REGULATING ELECTRONIC COMMERCE: EUROPE IN THE GLOBAL ECONOMY

IAN WALDEN
(Centre for Commercial Law Studies, Queen Mary, University of London Consultant, Baker & McKenzie[1])

CONTENTS: 1. Introduction. 2. Regulating the Service Providers. 3. Re-framing Rights. 4. Liability. 5. Legal recognition. 6. Applicable Law. 7. Transparency. 8. Concluding remarks.

1. Introduction

The exponential rate of change in information and communication technologies (ICTs) has inevitably challenged policy-makers and legislators. This paper considers the response of European Union (EU) policy-makers to the demands generated by the emergence of electronic commerce and examines some of the key regulatory themes.

Electronic commerce is the current term used to describe a certain range of commercial activities involving computers and telecommunication networks. Numerous attempts have been made to define the term electronic commerce, such as "doing business electronically"[2]. Most definitions extend beyond the use of the Internet as the medium, although it is the Internet phenomena which is really driving interest in the topic[3]. Key

---

[1] This paper is based on a lecture given at the Centre for Legal and Economic Research, University of Porto, Portugal in 28 of April of 2000, revised and updated to July 2001.

[2] e-centre UK, at www.e-centre.org.uk.

[3] See European Commission Communication, 'A European Initiative on Electronic Commerce', COM(97) 157 final, 16.04.97.

characteristics of this new commercial environment are that the transaction is carried out at a distance, i.e. "without the simultaneous physical presence of the supplier and the consumer"[4], and the substance of the transaction itself is increasingly intangible, in the form of information products and services. This absence of physical presence has, in part, given rise to concerns among policy-makers to protect the rights of the various actors engaging in such activities. A second major issue of concern to legislators is the speed and distance over which such activities can be carried out. The speed of modern communications gives rise to obvious commercial efficiencies. However, speed is also seen as a potential threat to both right-holders and consumers, who may inadvertently relinquish control or may enter into transactions without sufficient awareness of the consequences. In addition, the removal of distance as a limiting factor enables unscrupulous traders to operate outside the jurisdictional control of a single nation-state.

Legislators and regulators have responded to these developments from two perspectives. Electronic commerce is seen as a 'good thing' that should be encouraged, therefore unnecessary legal obstacles should be removed. Indeed, the European Commission has seen such developments as a panacea for Europe's employment problems[5]. However, adequate protections must also be provided for in order to protect citizens when acting as right-holders or consumers. Policy-makers and legislators perceive electronic commerce as an area where, if an appropriate regulatory framework can be established, they can encourage the take-up by both business and consumers of this technology. In response to that, the European Commission in particular has been very active in trying to ensure that the EU has all the elements of an appropriate regulatory framework are in place. This paper will examine this developing regulatory framework within the EU.

In that respect, we have a number of key pieces of European legislation of direct relevance to electronic commerce. Directive 1995/46/EC 'on the protection of individuals with regard to the processing of personal data and on the free movement of such data' (the Data Protection Directive)[6]

---

[4] Distance-Selling Directive, *supra* n. 7, at art. 2(4).

[5] *Supra* n. 3.

[6] OJ L 281/31, 23.11.1995. See also Directive 97/66/EC 'concerning the processing of personal data and the protection of privacy in the telecommunications sector', OJ L 24/1, 30.1.1998.

governs the use of an individual's personal data, a key resource in an electronic commerce environment. Directive 1997/7/EC 'on the protection of consumers in respect of distance contracts' (the Distance-selling Directive)[7] imposes minimum obligations upon suppliers operating remotely. Directive 1999/93/EC 'on a community framework for electronic signatures' (the Electronic Signatures Directive)[8] addresses questions of identity, authenticity and related issues of trust and security. Directive 2000/31/EC 'on certain legal aspects of information society services, in particular electronic commerce, in the Internal Market' (the Electronic Commerce Directive)[9] is designed to facilitate the provision of electronic commerce services. Directive 2000/46/EC 'on the taking up, pursuit of and prudential supervision of the business of electronic money institutions' (the Electronic Money Directive)[10] controls schemes for the issuance of digital cash as a payment mechanism for the on-line environment. Finally, and most recently, Directive 2001/29/EC 'on the harmonisation of certain aspects of copyright and related rights in the information society' (the Copyright Directive)[11] updates existing regimes for the protection of right-holders.

This paper does not intend to review each piece of legislation provision by provision, but will focus on some of the key themes that are emerging from this regulatory framework. Themes that are present in diverse regulatory instruments and impose particular requirements both upon those who wish to provide services in this environment, whether it be communication services or whether it be content-based services, as well as protecting those that make use of the Internet as an environment in which to engage in electronic commerce.

---

[7] OJ L 144/19, 4.6.1997. See also the Proposal for a Directive 'concerning the distance marketing of consumer financial services' (the Financial Services Directive), OJ C 385/10, 11.12.1998, and the Amended Proposal, OJ C 177/21 E, 27.6.2000.

[8] OJ L 13/12, 19.1.2000.

[9] OJ L 178/1, 17.7.2000.

[10] OJ L 275/39, 27.10.2000. See also Commission Recommendation 97/489/EC 'concerning transactions by electronic payment instruments and in particular the relationship between issuer and holder', OJ L 208/52, 2.8.1997.

[11] OJ L 167/10, 22.6.2001.

2. Regulating the Service Providers

The first theme that emerges from this legislation is the need to identify and define the providers of services in this new environment, as a precursor to the construction of a regulatory framework. Some terminology is designed to address new types of entity unique to the electronic commerce landscape: i.e. a 'certification-service-provider'[12] providing trust services, and an 'electronic money institution' issuing digital cash[13]. Alternatively, definitions focus on the nature of the services being provided:

> '«service», any Information Society service, that is to say, any service normally provided for remuneration, at a distance, by electronic means and at the individual request of a recipient of services'[14]

Similarly, in the telecommunications field, the Commission has proposed a new concept of service designed to reflect the converging nature of the industries involved in the electronic commerce space:

> "«electronic communications service» means services provided for remuneration which consist wholly or mainly in the transmission and routing of signals on electronic communications networks, including telecommunications services and transmission services in networks used for broadcasting, but excluding services providing, or exercising editorial control over, content transmitted using electronic communications networks and services"[15]

One consequence of this proliferation of regulatory terms is that a company may find itself operating within all the definitions concurrently,

---

[12] Electronic Signatures Directive, art. 2(11).

[13] Electronic Money Directive, art. 1(3)(a).

[14] This concept was first adopted in Directive 98/34/EC of the European Parliament and of the Council of 22 June 1998 laying down a procedure for the provision of information in the field of technical standards and regulations, OJ L 204/37, 21.7.1998; as amended by Directive 98/48/EC of the European Parliament and of the Council of 20 July 1998, OJ 217/18, 5.8.1998, at art. 1(2). However, the Electronic Commerce Directive regulates 'service providers': "any natural or legal person providing an information society service" (art. 2(b)).

[15] Proposal for a Directive of the European Parliament and of the Council on a common regulatory framework for electronic communications networks and services, COM(2000)393, 12 July 2000, at art. 2(b).

which may create a lack of transparency in respect of the applicability of these potentially competing regulatory regimes. For example, telecommunications companies are clearly both providers of electronic communications services and information society services, as well as being well positioned to provide trust and payment services within an electronic commerce environment.

One purpose behind such regulatory terminology is to address the issue of market access in the Internal Market of the European Union. Under Article 49 of the Treaty establishing the European Community, Member States are prohibited from restricting the provision of services. However, to supplement and further facilitate the cross-border provision of certification and information society services, specific market access provisions are provided for by regulation[16]. What these directives essentially attempt to offer service providers is legal certainty, thereby facilitating their provision: If I, as a provider of information society services, am established in one Member State, such as the UK, I am free to provide those services into the other fourteen Member States. At an international level, the World Trade Organisation-administered trade agreement, the General Agreement on Trade in Services (GATS)[17], has a similar objective to the article 49 principle of freedom to provide services. The GATS distinguishes four modes of supply of services, including "from the territory of one Member into the territory of any other Member"[18], which is often most relevant to electronic commerce-based activities[19].

However, even such basic legal certainty is subject to certain limitations. One source of those limitations is Treaty-based, with article 46(1) stating that the principle of freedom to provide services may be restricted by the recipient state on grounds of public policy, public security and pu-

---

[16] Electronic Signatures Directive, art. 3; Electronic Commerce Directive, art. 3.

[17] 33 *I.L.M* 44 (1994) and OJ L 336/191, 23.12.1994.

[18] Art. 1(2).

[19] See European Court of Justice Opinion 1/94 *on the Agreement establishing the WTO* [1994] E.C.R. I-5267, which found that only such cross-frontier modes of supply fell within the scope of Article 133 ('common commercial policy') and therefore within the exclusive competence of the Community. The other modes of supply of service, including issues concerning the right of establishment, are matters of shared competence with the Member States, except where Community legislation lays down common rules (*ERTA, Commission v Council,* Case 22/70 [1971] E.C.R 263; Opinion 2/91 [1993] E.C.R. I-1061).

blic health. Second, the European Court of Justice has recognised a range of "overriding reasons relating to the public interest"[20], which enable a Member State to impose controls on the provision of services into their jurisdiction, such as on consumer protection grounds[21]. We see in Germany, for example, unfair competition laws prohibiting companies such as Lastminute.com from offering the same sorts of discounts and promotions and offers into the German market as it is into any of the other European markets[22]. Under German consumer protection legislation promotion discounts, such as two-for-one offers, are perceived to be unfair competition, a mechanism designed to reduce competition in the market[23]. As such, German competition courts have issued various decisions against electronic commerce providers operating from other Member States when trying to provide those services into Germany[24].

To try and reduce the impact of such derogations on the freedom to provide services, the Electronic Commerce Directive introduces a procedural mechanism that requires a state to forbear from applying its national laws against 'information society service providers'. The recipient state is obliged first to request the service provider's home state take measures against the service provider and may only take action where no such measures are taken or they are considered inadequate. Second the recipient state must notify the Commission of its intention to take such measures[25]. The Commission will then examine the compatibility of the notified mea-

[20] See Case C-288/89, Stichting Collectieve Antennevoorziening Gouda and others v The Netherlands [1988] E.C.R. 2085.

[21] E.g. Case 220/83, *Commission v France* [1986] E.C.R 3663; C-198/89, *Commission v Greece* [1991] E.C.R. I-727.

[22] See *Haftung für Last-Minute-Angebote*, Case No. 29 U 4466/97, Munich, 26 February 1998, concerning the advertisement of holidays at their normal price which was considered misleading and in breach of §1 and 3 of the Unfair Competition Act (Unerlaubterwettbewerbsgesetz), since the concept of 'last minute' implied some form of discount. See *Electronic Business Law*, vol. 1, no. 10, 1999.

[23] E.g. the Free Gifts Regulation (Zugabeverordnung) renders free gifts potentially unlawful; while rebates may be unlawful under the Discounts Act 1933 (Rabatt Gesetz §1, 2, 7, 9).

[24] See also *Cnited v LetsBuyIt.com* (AZ 416) 209/00, Hamburg, 13 October 2000) and *Sony et al v Primus Online* (AZ 33 0 180/00, Köln, 11 October 2000), where the courts held that 'co-shopping' was a breach of German law on unfair competition and discounts. See *Electronic Business Law*, vol. 2, no. 10, 1999.

[25] Article 3(4)(b).

sure and may request that the Member State refrain from taking such measures[26].

3. Re-framing Rights

A second theme is the re-framing of existing rights to ensure that the protections granted by such rights continue to be applicable in an electronic commerce. The nature of the technology is seen as having the potential to concurrently diminish traditional legal protections, as well as provide right-holders with greater mechanisms for achieving protection.

The substance of electronic commerce is increasingly, if not primarily, intangible assets. As such, intellectual property laws grant economic rights to the owners of such intangible assets to enable them to exercise control over their use. As new types of asset have been created or facilitated by technology, such as semi-conductor topographies and on-line databases, regulators have responded through the establishment of new categories of rights[27]. Like-wise, existing regimes are currently being adapted to ensure that the scope of existing rights appropriately reflects the possible ways in which an asset may be used. Under the Copyright Directive, the rights of creators and producers are harmonised in respect of reproduction, communication to the public and distribution. For example, all forms of copying are considered an infringement of the reproduction right, whether 'direct or indirect, temporary or permanent'[28], protecting against even the most transient digital processing.

We are also in an era where the technology enables those that own, create and produce intellectual property to use that technology to provide for almost perfect technical protection as a supplement, if not replacement, for the imperfections of legal remedies. Encryption technologies and related security techniques, such as steganography, provide a very high level of protection for owners of intellectual property assets. Under the Copyright Directive, such techniques are granted legal protections from techni-

---

[26] Article 3(6).

[27] E.g. Directive 87/54 on the legal protection of topographies of semi-conductors, OJ L 24/36, 27.1.1987; Directive 96/9 on the legal protection of databases, OJ L 77/20, 27.3.1996.

[28] Article 2.

cal measures designed to circumvent the protections[29]. Indeed, within the broader forum of the Council of Europe, criminal sanctions have been proposed against the use, manufacture and distribution of certain types of devices that could include copy-protection devices[30].

On the other hand, policy-makers have also been required to recognise the need for balance between the use of technological protection mechanisms by right-holders and existing and historic legal rights of users to copy information in certain circumstances, the most obvious being that of private use. The Copyright Directive therefore provides that Member States may require that right-holders take appropriate measures to "make available to the beneficiary of an exception or limitation provided for in national law ... the means of benefiting from that exception or limitation"[31], i.e. the implementation of any technological mechanism to protect a copyright work may need to contain technological limitations that will enable a user to exercise their legal rights. This issue represents one of the key challenges posed of policy-makers by the emerging electronic commerce framework: regulating the operation of the technology itself.

Rights of users are also being re-framed in the areas of data protection and consumer protection. If intangible assets have become a critical component of the new e-conomy, then personal data are one of the key manifestations of such intangibles. Personal data extends not only to names and addresses, but any mechanism that allows a business to contact and deal with an individual, such as cookies:

> "In the context of the on-line world the information that identifies an individual is that which uniquely locates him in that world, by distinguishing him from others."[32]

For companies such as Amazon and eBay, much of their share value is based upon perceived value residing in their databases of millions of customers. The ability to sell greater numbers and varieties of products

---

[29] Article 6.

[30] Draft Convention on Cyber-Crime (CDPC (2001) 17, approved by the European Committee on Crime Problems, June 2001, at article 6.

[31] Article 6(4).

[32] 'Personal Data – Definition', Guidance published by the Office of the Data Protection Commissioner, 14 December 2000.

and services to these customers is the business model for many electronic commerce service providers.

The Data Protection Directive protects the privacy of an individual data subject by controlling the way in which personal data can be used. Such control is achieved in part by the individual themselves exercising their rights[33], and partly through the establishment of regulatory authorities[34]. The privacy being protected by the Directive encompasses 'the right to be let alone'[35], which raises the issue of unsolicited contact: the ability of a business to seek you out and market their products and services. Such activities are generally viewed as potential infringements of consumer protection and data protection rights. We therefore see EU legislation incorporating provisions dealing with practices such as unsolicited calls[36], unsolicited supply[37] and unsolicited commercial communications[38], a range of activities where business try to push their services on consumers.

The most prevalent example in an electronic commerce environment is that of unsolicited electronic mail or 'spam'. The Commission has addressed this issue under the Distance Selling Directive[39], the Electronic Commerce Directive[40] and the Telecommunications Data Protection Directive. However, it has recently issued a new proposed consolidating and strengthening the current rules with regard to unsolicited emails[41].

---

[33] E.g. right of access under Article 12.

[34] Article 28.

[35] The term was originally coined by Warren and Brandeis, in "The Right to Privacy", *Harvard Law Review*, pp.193-220, vol. IV, no. 5, 1890; but has been expressly recognised by the European Court of Human Rights, in *Malone v United Kingdom* [1984] 7 E.H.R.R. 14, 51: "the recognition of his right to be 'left alone' is inherent in Article 8."

[36] Telecoms Directive, Art. 12.

[37] Distance-selling, Art. 9.

[38] Electronic Commerce Directive, Art. 7.

[39] Article 10, 'Restrictions on the use of certain means of distance communication'.

[40] Article 7(1), unsolicited commercial communications "shall be identifiable clearly and unambiguously as such as soon as it is received by the recipient". It is unclear how this is to be implemented, although in some US states (i.e. California, Tennessee, Nevada) a similar obligation requires the incorporation of the three-letter acronym 'ADV' in the subject header of an e-mail.

[41] Proposal for a Directive of the European Parliament and of the Council concerning the processing of personal data and the protection of privacy in the electronic communications sector, COM(2000)385;

Under the proposal, it would be a breach of privacy to send unsolicited emails to an individual unless they had opted into such receipt[42].

4. Liability

Liabilities flow from rights, and one of the key issues being addressed by European legislation is that of the liability of intermediaries. This is viewed as critical from a public policy perspective: How can we promote electronic commerce if those that provide access to the information services are liable for all of the information that is made available through those services? If liability is imposed, then service providers may be less willing to provide the services or may impose certain controls on the types of access that is offered. The need to provide some limits to such liability is seen as critical to ensure the continuing free flow of information, such a feature of the on-line environment.

In response to concerns about the impact of intermediary liability on the growth of electronic commerce, the Electronic Commerce Directive provides safe harbours for certain activities carried out by those that provide access to Internet-based services[43]. Those that provide 'mere conduit' services; those that 'cache' information for the purposes of network functionality, and those that 'host' information on behalf of others shall be protected from liability subject to certain conditions. For example, with regard to hosting, as long you are not aware or you do not have "actual knowledge of the illegal activity or information" then you are exempt from liability. However, once you're put on notice of the illegal nature of that information then liability flows, which imposes an obligation upon the service provider to actually act, to take down the offending information or other appropriate steps. In addition, service providers are exempt from any general obligation to monitor the information they transmit or store[44].

The legislation therefore provides these safe harbours to encourage the provision of third party access to everything. This legislation is, in part, in response to case law such as the *Godfrey*[45] case in the UK, where

---

[42] *Ibid*, at article 13.

[43] Articles 12-14.

[44] Article 15.

[45] Godfrey v. Demon Internet Limited (1999) EMLR 542.

Demon Internet were found liable for making available a defamatory statement about Lawrence Godfrey. Also, the recent *Yahoo*[46] case, where Yahoo were found liable by the French courts for providing access to information about buying and selling Nazi memorabilia. Both are examples where national legislation imposed obligations upon those that facilitated access to such contents that under the Electronic Commerce Directive would potentially be subject to limitation[47].

Under the Copyright Directive, the adverse result of broadening the scope of the reproduction right to all temporary reproductions of a work would have been to render those that provide Internet access services potentially liable for copyright infringement, since the mere provision of access results in the creation of a temporary copy. To avoid such a result, the Directive creates a safe harbour in certain circumstances:

"transient or incidental and an integral and essential part of a technological process and whose sole purpose is to enable:

(a) a transmission in a network between third parties by an intermediary, or
(b) a lawful use of a work or other subject-matter to be made and which have no independent economic significance..."[48]

Similar statutory safe harbour provisions have been adopted under US law. The Communications Decency Act 1996 established a federal immunity for any cause of action arising from information originating with a third party:

> "No provider or user of an interactive computer service shall be treated as the publisher or speaker of any information provided by another information content provider."[49]

---

[46] *League Against Racism and Antisemitism (LICRA), French Union of Jewish Students, v Yahoo! Inc. (USA), Yahoo France*, Tribunal de Grande Instance de Paris, 20 November, 2000; EBLR (2001).

[47] It is questionable whether mere notification by Godfrey about the defamatory statement would have constituted 'actual knowledge' on behalf of Demon, since under UK law, a making of a defamatory statement is subject to a number of defences that would render the statement legal.

[48] Article 5(1).

[49] 47 U.S.C. § 230(c)(1). See also *Zeran v America Online, Inc.*, 129 F.3d 327 (1997).

Likewise, in respect of copyright infringement, the Digital Millennium Copyright Act 1998, provides limitations of liability for an even broader range of activities than that provided for under European law: transitory copying, system caching, material stored at the direction of users and information location tools (e.g. hypertext link)[50].

A converse aspect of the liability theme is the *imposition* of liability upon certain types of service providers. In particular, the Electronic Signatures Directive imposes liabilities upon the provision of 'qualified certificates' by certification services providers (CSPs). Liability is imposed for the accuracy of certain information made available by the CSP; for the technology used by third parties; for certain information generated by the CSP, and for the subsequent recording of, and making available, certain types of information[51]. The public policy rationale behind such provisions is that if we don't ensure those that provide trust services are held liable for the information that they provide then where is the trust? It is a form of consumer protection, based on an assumption that the market left to its own devices will not produce the same result. We can only facilitate electronic commerce through the creation of trust infrastructures if we impose liability upon those that provide the trusted intermediary services. An interesting public policy perspective, which has potential applicability across a broad range of services and environments!

In addition, concerns amongst policy-makers about the criminal use of Internet-based services has led to calls for the imposition of data retention obligations upon service providers, which could have implications in terms of their liability and run counter to the safe-harbour provisions. For example, the European Parliament recently proposed that Internet providers be obliged to maintain traffic related data for a period of three months, to enable it to be made available for the prosecution of the producers and distributors of child pornography[52].

---

[50] 17 U.S.C. § 512(a)-(d).

[51] Article 6(1) and (2).

[52] Proposed Parliamentary amendment to the Draft Joint Action, adopted by the Council on the basis of Article K.3 of the Treaty on European Union, to combat child pornography on the Internet; OJ C 219/71, 30.7.1999.

5. Legal recognition

A fourth theme of EU electronic commerce policy is the need for legal recognition. Recognition that the use and reliance on electronic messages and procedures is legally valid, enforceable and admissible. The problem is not so much that legislation explicitly requires pieces of paper and therefore excludes electronic alternatives, it is the legal uncertainty created by legislation written in an era when technologies did not exist to replace documents 'in writing' with electronic mail or 'signatures' with encrypted data blocks. With legal uncertainty, businesses may be reluctant to rely, or even embrace, electronic alternatives. In the UK, for example, the Interpretation Act 1978 defines 'writing' being "in visible form", which may render certain types of contracts formed between electronic agents as invalid in terms of this requirement of form. The public policy objective is to establish legal certainty, as a mechanism for facilitating the development of electronic commerce.

Significant progress has been made in that direction at an international level with the adoption of the UNCITRAL Model Law on Electronic Commerce in 1996[53]. It lays down some model provisions which states can adopt to recognise the validity of electronic processes. It success can be gauged by the number of jurisdictions, both within and outside of UNICTRAL which have implemented legislation based, at least in part, on the UNCITRAL provisions: e.g. Ireland[54], the United States[55], Singapore[56], Bermuda[57], Australia[58] and India[59].

Establishing legal certainty is a key part of both the Electronic Signatures Directive and the Electronic Commerce Directive. The former takes a distinctly divergent approach to the issue of the validity of electronic signatures to that adopted under the UNCITRAL Model Law. The Model Law states that a data message satisfies a requirement for a signature if it has the features of a signature: i.e. it identifies the signatory and

[53] 36 I.L.M. 197 (1997). UNCITRAL has also recently adopted a Model Law on Electronic Signatures (2001), available at http://www.uncitral.org

[54] Electronic Commerce Act, 2000 (No. 27 of 2000).

[55] Uniform Electronic Transactions Act (1998).

[56] Electronic Transactions Act 1998.

[57] Electronic Transactions Act of 1999.

[58] Electronic Transactions Act 1999.

[59] The Information Technology Act 2000 (No. 21 of 2000).

indicates approval of the information contained in the data message[60]. The Directive, on the other hand, recognises the validity of two types of electronic signatures: an electronic signature and an 'advanced electronic signature'[61]. The former should not be "denied legal effectiveness and admissibility as evidence in legal proceedings solely on the grounds that" is in an electronic form[62]. However, the 'advanced electronic signature' has supposedly beneficial legal presumptions. It shall:

> "(a) satisfy the legal requirements of a signature in relation to data in electronic form in the same manner as a handwritten signature satisfies those requirements in relation to paper-based data; and
> (b) are admissible as evidence in legal proceedings."

The distinction is clearly meant to be significant, yet it is difficult to see how important it would be in reality, particularly from a common law perspective. In the event of a challenge to the use of an electronic signature, either form of electronic signature will, in most circumstances, be admissible in court. The relying party may be seen as bearing a slightly greater burden were a party to challenge the legal effect of an 'electronic signature', if the challenger could raise grounds other than that based on its electronic form, but it is by no means clear what such ground could be.

However, the impact of this provision may be greater on the market for electronic signatures than the reality of the legal distinction. If you were a business, which signature technology would you adopt? A signature technology that meets the criteria of being an 'advanced electronic signature' or a simple electronic signature? If legal certainty is the key objective, you would presumably choose the 'advanced electronic signature', since this explicitly meets legal requirements for form as well as evidence. However, the Electronic Signature Directive then further qualifies use of an 'advanced electronic signature'. It benefits from the legal presumptions only if it is based on a 'qualified certificate', which is defined further in Annex I and Annex II[63] and has been created by a secure signa-

[60] Article 7(1)(a).

[61] Defined at Article 2(1) and (2) respectively.

[62] Article 5(2).

[63] Since a 'qualified certificate' must have been issued by a certification service provider operating in compliance with the requirements of Annex II.

ture creation device, which meets the requirements detailed in Annex III. Therefore legal certainty requires compliance with criteria covering some three pages of one directive! To facilitate compliance with these regulatory criteria, a substantial standardisation initiative has been commenced, mandated by the European Commission: the European Electronic Signatures Standardisation Initiative[64]. Regulation as facilitation begets further regulation!

The Electronic Signatures Directive also only addresses issues concerning the validity of electronic signatures. Indeed, it expressly excludes other requirements of form, such as a 'writing' requirement[65]. However, at least under UK law, most requirements for a 'signature' are linked to 'writing' requirements, therefore the legal uncertainty remains and the value of such legislative provision is limited[66]. The EU's piecemeal approach to legal certainty seems fundamentally flawed and may place EU industry at a comparative disadvantage with other jurisdictions.

A second issue of validity addressed by EU law is that of contracting electronically. The Electronic Commerce Directive recognises the validity of electronic contracts[67]. The initial draft of the Directive proposed changing hundreds of years of English contract law by shifting the moment of contract formation:

> "the contract is concluded when the recipient of the service: receives from the service provider, by electronic means, an acknowledgement of receipt of the recipient's acceptance, and confirms receipt of the acknowledgement of receipt"[68].

Fortunately, that provision was not eventually adopted, but the finally proposal does impose certain procedural obligations upon those that sell goods and services on-line to provide an acknowledgement of receipt[69].

---

[64] See www.ict.etsi.org/eessi/EESSI-intro.htm.

[65] Article 1.

[66] See DTI Consultation on EC Directive 1999/93/EC of the European Parliament and Council on a Community Framework for Electronic Signatures, March 2001, at para. 38.

[67] Article 9.

[68] Proposal for a European Parliament and Council Directive on certain legal aspects of electronic commerce in the internal market, OJ C 30/4, 5.2.1999, at Article 11(1)(a).

[69] Article 11.

6. Applicable Law

Computer and telecommunications technologies have meant the 'death of distance'[70]: it is as easy to purchase a track of music from a website operating from the United States as it is to visit your local music store. As discussed above, facilitating the provision of cross-border services is therefore one of the features of the emerging regulatory framework. However, cross-border activities also give rise to complex legal issues concerning applicable law. In this paper, the term applicable law is construed broadly, as the different laws applicable to each aspect of an electronic commerce activity: from establishing a business, advertising products and services, entering into legal relationships, being held to account for the activities engaged in, and the applicable tax regimes. A business operating in this environment is faced with a complex array of different laws and regulations simultaneously applicable from multiple jurisdictions. The legal uncertainty that results represents a cost of access to the global marketplace.

The first aspect of applicable law is that of the right of service providers to provide services. As discussed at section 2 above, many of the EU Directives specifically address the issue of authorisation, in the context of the right of establishment (Articles 43-48) and the freedom to provide services (Articles 49-55). Country of origin is an important element of the Electronic Commerce Directive, the Digital Signatures Directive and the Electronic Money Directive. If I wish to establish an electronic commerce service, I will need to know what constitutes establishment: e.g. does a server constitute an establishment for the purposes of EU law, or is the mere presence of technology insufficient to be considered an establishment? The distinction is critical in terms of which national laws are applicable to my activities, e.g. a business based in the UK, operating through a server based in France. If the server is considered an establishment, the business will be subject to all the relevant national laws in both the UK and France. If, on the other hand, the server does not constitute an establishment, French law is only applicable to the extent permitted by the Treaty and Community law[71].

---

[70] Francis Cairncross, *The Death of Distance*, Texere Publishing, 1997.

[71] This distinction is discussed in the context of banking services delivered through ATMs in the Commission interpretative communication, *Freedom to provide services and the interest of the general good in the second banking directive*, SEC(97) 1193 final 20 June 1997.

A second aspect of applicable law concerns the law applicable to the legal relationship created through the provision of electronic commerce services. A business will attempt to determine this issue through contractual provisions, specifying both choice of law and choice of forum. However, private international law will control such contractual specifications, as well as govern non-contractual liabilities. Within Europe, the Brussels and Rome Conventions primarily govern forum and law issues respectively[72]. A new Council Regulation on jurisdiction and enforcement of judgements, replacing the Brussels Convention, will come into effect in March 2001[73]. A revision of the Rome Convention is also expected in the near future.

One aspect of this revision has been consideration of the suitability of the existing rules to address electronic commerce activities. Under Article 15, for example, a consumer has the right to claim jurisdiction in his place of domicile, a reversal of the default rule that persons domiciled in a Member State shall be sued there (art. 2). The consumer only obtains this right in certain circumstances, e.g. where the service provider "directs such activities" to the Member State of the consumer. However, where a business has established a web site in one Member State, accessible in another, does this constitute 'directs'? The only indication given by the Commission was in an explanatory memorandum accompanying the initial proposal:

> "The concept of activities pursued in or directed towards a Member State is designed to make clear that [the provision] applies to consumer contracts concluded via an interactive website accessible in the State of the consumer's domicile. The fact that a consumer simply had knowledge of a service or possibility of buying goods via a passive website accessible in his country of domicile will not trigger the protective jurisdiction".[74]

---

[72] 1968 Brussels Convention on jurisdiction and the enforcement of judgements in civil and commercial matters, and 1980 Rome Convention on the law applicable to contractual obligations (consolidated versions); OJ C 27, 26.1.1998.

[73] Council Regulation (EC) No 44/2001 of 22 December 2000 on jurisdiction and the recognition and enforcement of judgments in civil and commercial matters; OJ L 12/1, 16.1.2001.

[74] Commission's Explanatory Memorandum to its Proposal for a Council Regulation on jurisdiction and the enforcement of judgments in civil and commercial matters (COM/99/348); OJ C 376 E, 28.12.1999.

This distinction between interactive and passive web sites was heavily criticised at the time for being unworkable[75]. For example, a consumer will often gain knowledge of a web site through the use of search engines, such as Altavista; yet the profile given to the site by the search engine may have been paid for by the site itself[76]. The distinction has not been subsequently elaborated in the Regulation or further by the Commission. However, a similar distinction has been used by the Competition Directorate-General of the Commission in respect of vertical restraints on sales within the EU:

"In general, the use of the Internet is not considered a form of active sales... The fact that it may have effects outside one's own territory or customer group results from the technology, i.e. the easy access from everywhere. If a customer visits the web site of a distributor... and if such contact leads to a sale... then this is considered passive selling... Insofar as a web site is not specifically targeted at customers... for instance with the use of banners or links in pages of providers specifically available to these exclusively allocated customers, the web site is not considered a form of active selling. However, unsolicited e-mails sent to individual customers... are considered active selling."[77]

Under this analysis, regulators are essentially looking to the design of a web site as a determinant of whether a particularly legal regime is applicable. If a business wants to avoid becoming subject to the consumer laws of certain jurisdictions, they may have to place warnings on the web site prohibiting consumers based in those jurisdictions; limiting the types of acceptable currency; and require the disclose of information concerning the identity of the person buying the goods. This last point obviously creates a potential conflict with data protection legislation, which promotes a limitation on the collection of personal data.

A third aspect of applicable law is a question of central concern to governments, i.e. protecting tax revenues derived from such commercial

---

[75] E.g. see Federation of European Direct Marketing (FEDMA) Briefing Note (September 1999), available at http//:www.fedma.org.

[76] See, for example, press release: "Commercial Alert files complaint against search engines for deceptive ads", available at http:/www.commercialalerts.org.

[77] Commission Notice, Guidelines on Vertical Restraints; OJ C 291/1, 13.10.2000: at para. 51.

activities. Governments are concerned about the impact that electronic commerce may have on their traditional sources of revenue. Loss of revenue through electronic services has given rise to initiatives at an international level. In 1998, OECD finance ministers and business representatives agreed that 'country of consumption' would be the most appropriate rule applicable for electronic commerce[78]. However, when the European Commission tried to implement this principle in a draft regulation issued last year, it confronted a wide range of administrative and political hurdles[79]. Implementing country of consumption raises problems in terms of registration of non-EU based entities, as well as about who the tax collector is, i.e. is it the consumer or does it require some sort of voluntary mechanism where companies agree to register for tax in certain jurisdictions?

Issues regarding the applicable tax regime raise similar issues to that of regulating the service providers in respect of the concept of 'establishment'. Most tax regimes have the concept of a 'permanent establishment', the fundamental criteria which determines a country's right to tax an undertaking under the OECD Model Tax Convention[80]. Recently, the OECD's Committee on Fiscal Affairs re-examined the question of whether technology could constitute a 'permanent establishment'. In a revision to the Commentary accompanying the Convention, the Committee has laid down certain criteria for member states upon which to try and assess the issue:

- A server hosting a web site does not, in itself, constitute a 'permanent establishment';
- The hosting of a site by a third party, such as an ISP, does not usually create an establishment and is not considered a dependent agent;
- The technical location of a site (i.e. the server) will only be considered a 'permanent establishment' where the business is being carried out through the site; whilst anything ancillary or prepa-

[78] "Electronic Commerce: Taxation Framework Conditions", OECD, DAFFE/ /CFA(98) 38/REV3.

[79] Proposal for a Council Directive amending Directive 77/388/EEC as regards the value added tax arrangements applicable to certain services supplied by electronic means (COM/2000/349); OJ C 337 E/65, 28.11.2000.

[80] The first draft, the Double Taxation Convention on Income and Capital, was published in 1963.

ratory to the carrying on of a business, e.g. advertising from a server, does not constitute carrying 'through' your business[81].

As with the EU concept of 'establishment', the technology itself is not sufficient to constitute a 'permanent establishment'.

Similarly, the safe harbour provisions under the Electronic Commerce Directive, as discussed at section 4 above, are based on technological concepts, of 'mere conduit', 'caching' and 'hosting'. In terms of applicable law, the technology itself does not create liability.

These examples all distinguish between establishment and the technology utilised by an entity in the course of providing electronic commerce services. This position is reversed with regard to the Data Protection Directive, protecting an individual's right or privacy. The place of establishment of the 'data controller'[82] is the primary determinant of which law is applicable to the data controller[83]. However, if a data controller is based outside the European Economic Area (EEA), then it will continue to be subject to the regulatory framework if it 'processes'[84] personal data within the EEA[85]. This extends the territorial impact of the Data Protection Directive considerably wider than the 18 Member States of the EEA. For example, an US-based web site may require consumers to fill in a form as part of the order processing procedure. When a consumer from the UK comes to the site and decides to order some goods, he starts to fill in the form. Personal data is being placed on that form. Where is that personal data being processed? It is being processed on his computer in the UK, because the web form has been downloaded onto his computer. In this

[81] Clarification on the Application of the Permanent Establishment Definition in Electronic Commerce: Changes to the Commentary on Article 5 (adopted on 22 December 2000), at Chapter 4.1 of *Taxation and Electronic Commerce – Implementing the Ottawa Taxation Framework Conditions*, OECD, 2001.

[82] Defined as "..the natural or legal person, public authority, agency or any other body which alone or jointly with others determines the purposes and means of the processing of personal data..." (art. 2(d)).

[83] Article 4(1)(a).

[84] Defined as "any operation or set of operations which is performed upon personal data, whether or not by automatic means, such as collection, recording, organization, storage, adaptation or alteration, retrieval, consultation, use, disclosure by transmission, dissemination or otherwise making available, alignment or combination, blocking, erasure or destruction" (art. 2(b)).

scenario, the mere technological process gives rise to the application of the law. So we have a regulatory dichotomy under EU law, technology both attracting and avoiding liability depending on the circumstance.

A second general issue is that of the identity of the parties. Under the Regulation on enforcement of judgements[86], a key issue is that consumers get additional protection. From a supplier's perspective, the concern is whether the other party is a 'consumer'[87], therefore possibly rendering the supplier subject to the jurisdiction of the courts in which the consumer is based.

The issue also comes up with regard to the proposed directive on the taxation of electronic services:

"To make a correct taxing decision at the point of such a transaction, the supplier needs to be in possession of certain information elements:

- the tax status of the customer to determine whether the recipient is registered for VAT purposes or is a private consumer...
- where the recipient is a private consumer or is established outside the Community, a decision will be required on the jurisdiction for tax purposes..."[88]

A business may have to ask the consumer their credit card billing address as a mechanism establishing their physical location for taxation purposes. With regard to business customer, access to on-line databases enabling verification of VAT is recognised as critical. As the Commission notes, the "objective is to have a verifiable indicator which can serve as an acceptable proxy for the place of consumption"[89]. Resolving applicable law issues has much to do with identifying the parties. If we can find a mechanism to identify the parties, we have gone some way to helping us to determine which law is applicable in a particular circumstance. Identity and location create legal certainty in an electronic commerce environment.

---

[85] Article 4(1)(c), except where the processing is merely for the purpose of transit through the EEA.

[86] *Supra* n. 72.

[87] I.e. "... a person, the consumer, which can be regarded as being outside his trade or profession..." (art. 15(1)).

[88] Commission's Explanatory Memorandum to the Proposal, *supra* n. 79.

[89] *Ibid.*

Finally, it is also worth returning to the Yahoo decision[90] for a parallel in the field of content regulation. One key issue in the decision was the fact that the French court, prior to making a final decision against Yahoo, asked a panel of experts to assess the technical feasibility of Yahoo applying mechanisms to control access to sites based in the United States containing the offending material[91]. The experts reported that it was technologically feasible through "a combination of two procedures, namely geographical identification and declaration of nationality", of which the former was already carried out by Yahoo in order to display banner adverts in the French language. It was on the basis of these findings that the court decided against Yahoo. At the time, the case was portrayed as French law imposing restrictions on the freedom of expression of US companies; whereas, the court was simply exercising traditional territorial jurisdiction over a new medium. Interestingly enough, Yahoo, despite many protestations and legal proceedings before the US courts, has in fact abided by the key elements of the court's decision.

7. Transparency

As stated in the introductory remarks, electronic commerce is conducted at a distance. Certain information will therefore have to flow between the respective parties in order for the transaction to take place. From a consumer's perspective, he will be concerned to know with whom he is dealing and all the relevant aspects of the terms under which the supplier will supply. From a supplier's perspective, consumer identity is important, as discussed above, both in terms of non-contractual information flows, e.g. marketing and advertising[92], and information flows in the execution of a transaction, e.g. payment and delivery. The European Commission has addressed the consumer's need for transparency in its regulatory instruments.

Many of the instruments place obligations upon the supplier to provide information to the recipient of the services. The objective is to ensure

---

[90] *Supra* n. 46.

[91] The panel comprised three consultants: Vinton Cerf, Ben Laurie and Fançois Wallon.

[92] The Commission's term is 'commercial communications', see Commission Communication, 'The follow-up to the Green Paper on commercial communications in the internal market', COM(1998) 121 final, 4.3.1998.

transparency in an intangible electronic environment. Although the types of information vary, the following represent the main broad categories:

- Identity of the service provider, which may include his address[93];
- the contractual terms and conditions[94];
- the price[95] and associated costs[96] and charges[97];
- procedural arrangements, e.g. for payment, delivery or performance[98];
- procedural rights available to the recipient, e.g. the right to withdraw from the contract[99].

Similar transparency requirements are seen as an essential component of the Data Protection Directive. A data controller is required to inform the data subject about its identity, the purposes for which the data is to be processed and any further information that is necessary "to guarantee fair processing"[100].

The manner in which such information is presented to the recipient is also of concern given the nature of the medium. As a minimum, such information must be presented in a "clear and comprehensible manner"[101]. However this raises an issue of what language must be used. The Recommendation explicitly addresses the point, stating that the information must be "in the official language or languages of the Member State in which the

---

[93] Distance-selling Directive, art. 4(1)(a), where payment in advance is required; Electronic Commerce Directive, at art. 5(1)(b), (c), which specifies the 'co-ordinates' necessary for rapid, direct and effective communication, (d) any trade registration, and (e) any Member State authorisation.

[94] E.g. Recommendation, art. 3. Electronic Signatures Directive, Annex II(J).

[95] Distance-selling Directive, art. 4(1)(c), including all taxes and (h) period of validity; Electronic Commerce Directive, art. 5(2).

[96] E.g. delivery costs and "the cost of using the means of distance communications, where it is calculated other than as the basic rate" (Ibid., art. 4(1)(d) & (g).

[97] E.g. Recommendation, Art. 3(3)(d). See also Directive 97/5/EC of the European Parliament and of the Council, of 27 January 1997, on cross-border credit transfers (OJ L 43/25, 14.2.1997), Arts. 3-4 [hereinafter referred to as Credit Transfers].

[98] E.g. Recommendation, Art. 3(3)(c).

[99] Distance-selling Directive, Art. 6; Recommendation, Art. 3(3)(e); Financial services, Art. 6 (in relation to the right of reflection, Art. 3; and the right of withdrawal, Art. 4).

[100] Articles 10 and 11.

[101] Distance-selling, Art. 4(2).

electronic payment instrument is offered"[102]; while the Electronic Signatures Directive requires information to be provided "using readily understandable language"[103]. However, under the Distance-selling Directive, the question of language raises significant compliance issues for service providers. For example, would an UK-based service provider using only English on its Web-site be in breach of its obligations when allowing French citizens to make purchases? It could be argued that it would be in breach, since it could be considered both inappropriate to the communication mechanism, i.e. a globally accessible medium, and contrary to the "principles of good faith in commercial transactions"[104]. A service provider may therefore have to weigh the cost implications of building a web site which is fully capable of providing the required information in each of the 11 official EU languages, against the risk of having the contract being held to be unenforceable against the consumer[105].

A second closely related issue is the *form* in which the information must be provided to the recipient, since "information disseminated by certain electronic technologies is often ephemeral in nature"[106]. The Distance-selling Directive echoes the statutory form requirements, discussed at section 5 above, when it states that the consumer must receive "written confirmation or confirmation in another durable medium"[107]. No further guidance is given as to what constitutes a 'durable medium'. In the UK, the Department of Trade and Industry has stated that confirmation by electronic mail would be sufficient, where the consumer is the 'owner' of the computer that receives the confirmation[108], which would seem to create greater legal uncertainty. The proposed Financial Services Directive has, however, defined the term:

---

[102] Art. 3(2). The only reference in the Distance-selling directive is at Recital 8: "Whereas the languages used for distance contracts are a matter for the Member States".

[103] Signatures Directive, Annex II(J).

[104] Distance-selling, Art. 4(2). See also Directive 93/13/EEC of 5 April 1993 on unfair terms in consumer contracts (OJ L 95/29, 21.4.1993).

[105] See DTI's consultation paper, *Distance-selling directive - implementation in the UK* (June 1998) at section 2, para. 2.3. In some Member States existing consumer protection legislation requires contracts to be in the national language, eg. Portugal's Decreto-lei 89/84.

[106] Distance-selling, at Recital 13.

[107] Article 5(1).

[108] DTI consulation paper, section 2, para. 2.5.

"durable medium" means any instrument enabling the consumer to store information, without himself having to record this information and in particular floppy disks, CD-ROMs, and the hard drive of the consumer's computer on which electronic mail is stored"[109]

The distinction between a consumer storing and recording the information is presumably that the former does not require any specific action on his part[110]. Such a formulation may be vulnerable at a number of levels. For example, an email system may be set-up to delete messages after a period of time (e.g. a week), in order to save space. To what extent does the manipulation of such software defaults constitute positive recording? Alternatively, a cookie could be seen as falling within the definition, as well as being 'available and accessible'[111]; although as configured in the main browser packages it may not be considered 'clear and comprehensible'![112] The Electronic Commerce directive avoids the phrase 'durable medium', but requires the information to be given if a 'permanent manner' which could be viewed as a higher standard[113].

A third component of the transparency obligation is the *timing* for the provision of information to the consumer. Under the Distance-selling Directive, the information has to be provided prior to the conclusion of the contract[114], although the 'written confirmation' can be provided at a later point in time: "during the performance of the contract"[115]. In other instruments, certain information must be supplied subsequent to the transaction[116].

---

109 Article 2(f).

110 An earlier draft of the proposal made this explicit: "means an instrument enabling the consumer to store information, without any action to this effect being required on his part", draft dated 25.11.97.

111 Financial Services Directive, Art. 7. However, Electronic Commerce Directive, Art. 5(1), uses the phrase 'easily accessible'. The UK's Data Protection Act 1998, implementing Directive 95/46, allows a data controller to meet his transparency obligations by making the information 'readily available' (Sch.1, Pt. II, para. 2(a)).

112 For an overview of 'cookies', see Mayer-Schönberger, Viktor, "The Internet and Privacy Legislation: Cookies for a Treat?", pp.166-174, *Computer Law and Security Report*, vol.14, no.3, 1998.

113 Electronic Commerce directive, Art. 5(1).

114 Art. 4(1).

115 *Ibid.*, 5(1), and "at the latest at the time of delivery".

116 E.g. Recommendation, Art. 4.

8. Concluding remarks

Regulating electronic commerce is an inevitably fraught process, primarily due to the speed of development in the environment subject to the regulatory attempts. In addition, the political pressure from Member States to act in response to developments has placed the European Commission in an often difficult position, sometimes resulting in the promotion of piecemeal regulatory solutions when patience may have been a better strategy. The themes examined in this paper are not new in the field of regulatory policy, but have raised particular issues in an electronic commerce environment.

The policy imperative in the EU has been to facilitate electronic commerce within Europe and Europe's position vis-à-vis the rest of the world economy, whilst safeguarding the interests of European citizens. The latter inevitably imposes cost upon service suppliers and impacts directly on the manner in which business is conducted. It is too early to state whether such additional costs will disadvantage Europe as an environment for investment, particularly bearing in mind the current market slowdown.

Regulating for electronic commerce can inevitably embody its own obsolescence, using terminology for example designed to capture a rapidly moving environment. The Distance-selling Directive, for example, was only adopted in 1997 and yet uses terms, such as 'durable medium' and 'unsealed' computer software, which betray its roots in the past not current, let alone future marketplace. There is a need to develop a comprehensive set of regulatory principles to guide future EU policy-making. In the mid-90s, and still often quoted today, technological neutrality is preached as a standard by which regulation in this field should be measured. Yet, technology is not neutral, ICTs are fundamentally altering the landscape and creating unique issues that policy-makers have to be prepared to address. One principle that would seem to stand the test of time, however, is that of allowing law to lag behind developments, rather than try to anticipate markets. The focus of the Electronic Signatures Directive on certification services, as the basis of a trust industry perceived critical to the mass take-up of electronic commerce, seems, to date, to be an example of how policy-makers can effective regulate a market to a standstill.

O COMÉRCIO ELECTRÓNICO ALGUMAS QUESTÕES JURÍDICAS*

MÁRIO CASTRO MARQUES
(Advogado – Rui Peixoto Duarte & associados)

SUMÁRIO: 1. Introdução. 2. Objecto desta prelecção. 3. A realidade actual do comércio electrónico. 4. A noção de comércio electrónico. 5. Modalidades do comércio electrónico. 6. Algumas questões jurídicas relevantes sobre esta nova realidade. 6.1. A relação jurídica no comércio electrónico. 6.2. A virtualidade: característica do novo mercado. 6.3. Os documentos electrónicos e as assinaturas digitais. 6.4. Noção de assinatura e processo de autenticação. 6.5. A certificação. 7. A situação em Portugal. 7.1. A assinatura digital. 7.1.1. Análise do conteúdo do Decreto-Lei n.º 290-D/99. a) O princípio da não obrigatoriedade. b) O princípio da equiparação ao documento escrito. c) O princípio do livre acesso. 7.2. As facturas electrónicas. 8. A celebração do contrato. 8.1. Data e momento. 8.2. Jurisdição competente e lei aplicável. 8.2.1. Jurisdição competente. 8.2.2. Lei aplicável. 9. A perspectiva internacional.

1. Introdução

A fantástica explosão das chamadas novas tecnologias veio tornar realidade algo que até aos nossos tempos era desconhecido e inimaginável. Na verdade, a combinação, ou melhor, a aliança entre os **meios informáticos** e as **telecomunicações** ocasionou um fenómeno inédito e

---

* O presente estudo teve por base a prelecção realizada na Faculdade de Direito da Universidade do Porto, em 28 de Abril de 2000, com breves actualizações até 28 de Agosto de 2001.

ainda de difícil percepção, nos nossos dias, quanto às suas reais potencialidades.

Este fenómeno, que se encontra directamente relacionado com o surgimento da Internet, apresenta-se como um **poderoso motor** gerador de um **processo global de cariz evolutivo** e com transformações e repercussões de vária ordem:

- no **plano económico** (configurando-se no surgimento de profundas alterações no sistema económico actual – a tão propalada "nova economia digital" – com a introdução de novos elementos, valores e factores distintos dos existentes até agora);
- no **plano social** (criando-se a nova sociedade da informação, estruturada num conjunto de novos relacionamentos interpessoais virtuais);
- no **plano político** (sendo adoptados novos comportamentos e novas estratégias políticas por parte dos líderes de opinião);
- no **plano empresarial** (gerando-se novas actividades empresariais e revolucionando-se as organizações e estratégias das empresas);
- no **plano jurídico** (com o nascimento do chamado direito da informação e a colocação de novos desafios aos restantes ramos do direito);
- e ainda, no **plano terminológico e conceptual** (mediante a introdução de novos termos, expressões e conceitos desconhecidos até há muito pouco tempo pela generalidade dos cidadãos, por exemplo: sites, links, email, etc...).

Com efeito, nesta nova era em que vivemos, é possível vislumbrar um conjunto de **novas realidades, de novos desafios e problemas** emergentes no nosso dia-a-dia e que, seguramente, os nossos antepassados ou mesmo nós próprios não poderíamos supor até há bem pouco tempo.

Ora, o Direito, enquanto conjunto sistematizado de regras e princípios ordenadores e conformadores das relações sociais num Estado de Direito, como é o nosso, vê-se naturalmente confrontado com estas realidades, impondo-se, pelo menos, uma profunda ponderação das actuais soluções no plano jurídico em face destas novas realidades, e, eventualmente, e sempre que se considere adequado, a introdução de novos mecanismos e de novas soluções legais, mais flexíveis e capazes de responder a novas necessidades.

Como veremos adiante, este processo de adaptação, no plano legislativo, já deu os seus primeiros passos em Portugal (embora muito ainda se tenha para caminhar).

2. Objecto da prelecção

A presente prelecção[1], tendo por objecto uma destas novas realidades – o chamado **comércio electrónico** – , debruçar-se-á sobre alguns aspectos que estão envolvidos nesta realidade complexa e plurifacetada, sendo dada atenção primacial aos aspectos jurídicos da questão. Assim, será efectuada uma análise breve do **conceito de comércio electrónico** e as várias **modalidades** que o constituem; serão realçados alguns dos **problemas jurídicos mais prementes** e directamente relacionados com esta realidade; atender-se-á às **respostas** recentemente introduzidas no **nosso ordenamento jurídico nacional**, e, por último, far-se-á uma **breve incursão no plano internacional** desta matéria observando-se algumas das soluções propostas até agora.

3. A realidade actual do comércio electrónico

A importância desta realidade para a União Europeia é de tal forma evidente que, numa recente cimeira dos 15 Estados Membros, foram adoptadas mesmo um conjunto de acções que visam impulsionar o acesso à Internet, no território comunitário, por parte dos particulares e das empresas.

Sendo mesmo objecto da atenção do legislador comunitário, numa directiva comunitária[2] ainda mais recente, tendo em vista o seu desenvolvimento na sociedade da informação, como forma de estimular o crescimento económico e o investimento na inovação, bem como o reforço da competitividade da indústria europeia.

Com efeito, com o boom da Internet[3] e a massificação dos contactos numa rede aberta como é a Internet, surge-nos a vertente comercial deste

---

[1] Com breves alterações introduzidas entretanto.

[2] Directiva 2000/31/CE, de 8 de Junho.

[3] Para além da Internet, existe já há algum tempo o EDI (Electronic Data Interchange), que é uma forma de intercâmbio de dados normalizados, entre redes de computadores, sob a forma de documentos electrónicos, configurando uma linguagem

tipo de relações virtuais, e a que podemos designar por comércio electrónico[4].

O comércio electrónico traduz-se assim na utilização por parte das empresas e particulares, no exercício de todo o tipo de actividades comerciais e na prestação de serviços, das novas tecnologias disponibilizadas através da Internet.

Com isto não queremos afirmar que não existisse já algum contacto com as novas tecnologias. Na verdade, desde há já algum tempo que muitas actividades comerciais se socorrem de tecnologias recentes, por exemplo, na realização de **pagamentos das transacções comerciais através do recurso a meios tecnológicos**, como é o caso do cartão de débito e ou do cartão de crédito, e através de redes de comunicações privadas – **ATM's**.

No entanto, como forma de desenvolver as suas estratégias empresariais e prosseguir a sua actividade, trata-se da primeira vez que a actividade de comércio, enquanto actividade de intermediação, se envolve no ambiente tecnológico para prosseguir as suas estratégias empresariais. As empresas, industriais ou comerciais, recorrem aos novos meios digitais para desenvolver os seus contactos, os seus negócios e as suas transacções com o público em geral. A actividade comercial passa assim a ser exercida através de um suporte técnico, de um canal de contacto e de distribuição aberto a todos, suportado num conjunto de redes de comunicação com carácter aberto e global, acessível com um simples "click" de rato por parte de qualquer interessado de qualquer ponto do mundo.

Esta abertura do comércio à nova realidade, que é o comércio electrónico, constitui antes de mais e sem grande margem para dúvidas, o futuro[4] da actividade, pois o comércio electrónico não pode deixar de ser encarado como o canal de contacto e de distribuição com maior poder de atracção até hoje disponível, quer para o consumidor em geral, quer para o empresário em particular.

---

informática normalizada (internacional), que permite a transmissão de dados entre computadores (pertencentes muitas vezes a sistemas informáticos diferentes através das redes de telecomunicações).

[4] Apesar dos revezes que as empresas actualmente envolvidas têm sofrido, estamos em crer que esta fase inicial e experimental será suplantada progressivamente, com o aumento crescente da confiança dos consumidores e das empresas nas transacções on-line, bem como com o desenvolvimento de novas tecnologias adequadas.

Com efeito, as redes informáticas abertas, como é o caso da Internet, são com toda a probabilidade as melhores vias, as melhores auto estradas (tecnológicas) para o desenvolvimento da actividade comercial e para o melhor escoamento dos produtos e serviços das empresas.

4. A noção de comércio electrónico

Mas o que é então isso de Comércio Electrónico?

O comércio electrónico não é nem mais nem menos, se assim podemos dizer, do que uma **nova forma que recorre aos meios tecnológicos (por comparação com a tradicional forma de venda) para desenvolver a actividade de intermediação entre, por um lado, a produção e, por outro, o consumo de bens** – incluindo-se também nesta **noção ampla de comércio** a prestação de serviços.

Não existe até hoje uma definição completa e consensual do que é o comércio electrónico, no entanto, surgem múltiplas tentativas de definição desta nova realidade, tendo sido já avançadas algumas definições possíveis, e entre as quais podemos destacar:

Um primeiro conceito foi avançado pelo chamado **ISAC** (Information Society Activity Centre) e ainda pelo **ISPO**[5] (Information Society Promotion Office), concebendo o comércio electrónico como **"qualquer forma de transacção comercial em que os intervenientes interagem basicamente via electrónica e não através de um contacto ou relacionamento físico"**[6].

Uma outra definição que se debruça sobre o comércio electrónico,[7] enquadra esta realidade no **conceito mais amplo de (livre) prestação de**

---

[5] O **ISAC** (Information Society Activity Centre) e o **ISPO** (Information Society Promotion Office), constituem duas iniciativas levadas a cabo pela Direcção Geral da Sociedade da Informação da Comissão Europeia, e que têm por objectivo assegurar a máxima sinergia e coerência entre as diversas políticas desenvolvidas pela União Europeia, sempre que interfiram no âmbito da sociedade da informação.

[6] Embora se possa considerar de certa forma correcta esta noção, dificilmente é completa e consegue capturar e transmitir o espírito subjacente a esta realidade que é o comércio electrónico.

[7] Esta forma de abordar o conceito de Comércio Electrónico, encontrava-se já prevista na proposta de Directiva Comunitária sobre o comércio electrónico – em paralelo com a noção apresentada na Directiva nº 98/34 –, e encontra-se também na alínea a) do artigo 2º da Directiva Comunitária sobre o Comércio Electrónico.

serviços na sociedade da informação, podendo-se salientar a este propósito três elementos essenciais na caracterização destes serviços:

1 – Serviços prestados (normalmente) contra remuneração à **distância**; (ou seja, sem a presença simultânea das partes do contrato)
2 – Serviços prestados **por via electrónica**; (serviço enviado na origem e recebido no destinatário através de equipamentos electrónicos, estejam eles conectados por fios, por rádio, por meios ópticos ou outros meios electromagnéticos)
3 – **Mediante um pedido individual** do chamado destinatário dos serviços. (Estando, portanto, sempre inerente a manifestação de um acto de vontade por parte do destinatário do serviço em questão)

Nisto consistem os chamados **serviços da sociedade da informação**, e nos quais se engloba uma variedade de actividades económicas, como por exemplo a venda on line de todo o tipo de mercadorias[8].

5. Modalidades do comércio electrónico

Tendo assim em conta este conceito amplo de comércio electrónico, podemos vislumbrar as seguintes modalidades em que podemos subdividi-lo:

1 – O comércio electrónico empresa a empresa;
Nesta modalidade surge-nos, por exemplo, o caso de uma empresa que através de uma rede de comunicação privada, efectua uma encomenda ao seu fornecedor, recebe facturas, ou faz os seus pagamentos. Esta modalidade encontra-se desde **há algum tempo estabelecida**, nomeadamente com recurso ao EDI através de redes privadas de comunicações.

2 – O comércio electrónico empresa / consumidor;
Trata-se então já de uma modalidade que tem muito a ver com o comércio a retalho e que se encontra em grande expansão desde o surgimento da Internet. A oferta de produtos via Internet é enorme, tendo sido criados verdadeiros **hipermercados e centros comerciais** nos mais varia-

---

[8] No conceito de serviços da sociedade da informação, estão excluídas algumas actividades como por exemplo a difusão de televisão na Internet, os serviços financeiros, etc.

dos sites da internet. Desde casas, carros, a todo o género de produtos ou serviços são oferecidos neste novo mercado[9].

3 – O comércio electrónico empresa / administração pública;

Nesta modalidade estamos já perante uma situação que cobre todas as relações comerciais entre as empresas e as entidades governamentais. Embora se trate actualmente de uma modalidade **ainda pouco desenvolvida,** será muito provável o seu crescimento a curto prazo na medida em que existe por parte de muitos governos uma preocupação na implementação do comércio electrónico. Por exemplo, no caso dos EUA, os chamados os anúncios dos mercados públicos são publicados na internet e as empresas podem responder apresentando as suas propostas por via electrónica.

E por último,

4 – O comércio electrónico consumidor / administração pública.

Este tipo de comércio electrónico está também numa fase de embrionária. No entanto, podemos verificar que cada vez mais – pelo menos em Portugal – os **serviços da administração pública e os institutos públicos disponibilizam sites e endereços electrónicos** para contactos entre estes e os cidadãos consumidores. Por exemplo, as declarações dos contribuintes já podem ser remetidas[10] (e até mais facilmente despachadas) aos serviços da Direcção Geral de Contribuições e Impostos – www.dgci.min-financas.pt.

6. Algumas questões jurídicas relevantes sobre esta nova realidade

Na verdade, no comércio electrónico – tal como em qualquer actividade económica em geral e como no comércio tradicional, em particular –, multiplicam-se as transacções, os contactos, e são **concluídos verdadeiros contratos** através deste novo suporte técnico num ambiente altamente tecnológico.

Neste ponto da nossa prelecção, devemos salientar que, no domínio do comércio electrónico, existe um **inexorável relacionamento entre o**

[9] Surgem-nos, entre muitos exemplos possíveis, de comércio electrónico nos mais variados sectores da actividade, nomeadamente, na actividade de comércio a retalho de livros – www.bookshop.co.uk (780 mil títulos) –, na actividade financeira, o acesso a contas e serviços via internet – www.bes.pt, etc...

[10] O sistema implementado consiste num pedido remetido por correio electrónico com os dados do contribuinte e o envio resposta de uma password por aqueles serviços para a morada do contribuinte. A partir daí o contribuinte poderá remeter a sua declaração e saber informações relativamente à sua situação fiscal face à administração estadual.

aspecto jurídico e o aspecto tecnológico, coexistindo e ajudando-se reciprocamente. No entanto, repetimos, atenderemos mais ao aspecto jurídico na nossa análise.

6.1. *A relação jurídica no comércio electrónico*

Efectivamente, verdadeiras relações jurídicas são geradas no comércio electrónico, o qual, não constituindo propriamente uma fonte de relações jurídicas, é no entanto uma **nova realidade que configura e determina na relação jurídica em geral um conjunto de particularidades relevantes e directamente relacionadas com o suporte tecnológico** em que foi criada.

A relação jurídico comercial que nos surge no comércio electrónico, e que resulta no fundo de uma troca de declarações negociais mediante o envio de mensagens ou documentos electrónicos com valor contratual, é analisada por muitos autores como uma **relação jurídica entre ausentes**. Com efeito, a **inexistência de um contacto físico**, ou de outro tipo de contacto entre os contraentes (e que possa ser considerado como fiável pela generalidade das pessoas), provoca uma insegurança no **plano jurídico** (e também técnico) relativamente a vários elementos essenciais da contratação.

Assim, surgem-nos questões como:

- (1) A **identidade das partes,** a **capacidade jurídica** (entendida como capacidade de exercício de direitos), e a **competência** para a prática dos actos negociais,
- (2) A **prova do contrato**, (no que respeita à conclusão, ao conteúdo contratual e às cláusulas jurídicas convencionadas – direitos e obrigações das partes), a data da celebração do contrato e o local da sua celebração,
- (3) e ainda quanto à **Lei aplicável** e à **Jurisdição competente**;

São estas algumas das questões jurídicas que se colocam à volta do comércio electrónico e que assumem, mais do que em outros casos, uma relevância primordial.

6.2. *A virtualidade: característica do novo mercado*

Na verdade, o comércio electrónico, enquanto **novo modo de exercer a actividade comercial**, é particularmente caracterizado pela **forma como os intervenientes interagem e se relacionam entre si**, configurando as chamadas **relações virtuais** – entre não presentes e desconhecidos[11]. Esta virtualidade apresenta-se, por um lado, como um **factor extremamente aliciante e atractivo**, mas, por outro, assume-se como um **factor de falta de segurança e de certeza**, essenciais no que concerne ao desenvolvimento desta **vertente comercial das novas tecnologias** em que o comércio electrónico se manifesta. Daí que se manifeste essencial, na procura de alguma segurança jurídica, a **certeza quanto à identidade do parceiro comercial**, e **quanto aos direitos e obrigações de cada um**, num qualquer relacionamento comercial electrónico que se estabeleça – mais do que noutra qualquer forma de contratação, dadas as características próprias dos meios tecnológicos em que o comércio electrónico se apoia.

6.3. *Os documentos electrónicos e as assinaturas digitais*

Um primeiro passo, no sentido de criar esse **ambiente de confiança e segurança** por parte dos utilizadores do comércio electrónico – e que sem dúvida se mostram essenciais para o sucesso desta nova forma de comércio –, recaiu sobre **o documento electrónico** e a **assinatura digital**.

No que ao **DOCUMENTO ELECTRÓNICO** concerne, este diz respeito àquelas mensagens e comunicações trocadas entre as partes de um contrato com recurso aos meios electrónicos, colocando-se a questão de saber qual o seu valor jurídico como declaração de vontade negocial.

Efectivamente, o Documento electrónico constitui a forma electrónica através da qual se manifesta a vontade de alguém, tendo em vista alcançar um determinado resultado, e mediante o recurso aos meios electrónicos. Por exemplo, o envio de um email ou de outro tipo de mensagens electrónicas (SMS, BIP's, etc).

No caso do comércio electrónico, coloca-se, desde logo, o problema de se saber se estas mensagens electrónicas podem constituir verdadeiras declarações de vontade com carácter vinculativo para quem as envia, isto é, declarações a que podem ser reconhecidos, juridicamente, efeitos constitutivos, modificativos ou extintivos na ordem jurídica. – Quando essas mensagens resultam directamente de um acto de vontade humana, parece ser natural considerarem-se verdadeiras declarações negociais e que configuram a forma de documentos com valor jurídico.

---

[11] Sejam simples relações humanas de convivência, sejam verdadeiras relações jurídicas com carácter vinculativo entre contraentes.

No entanto, casos há em que **as mensagens electrónicas são geradas de forma automática**, sem que haja a intervenção directa do homem. – Mesmo nesses casos, somos da opinião de que é possível **reconduzir estas mensagens à vontade humana.** Com efeito, será razoável vislumbrar, enquanto causa última deste tipo de mensagens, a vontade humana. A máquina não possui até hoje a possibilidade de ter uma vontade própria, autónoma e independente de quem o programou. O computador que emite uma mensagem, emite-a porque foi programado pelo homem para manifestar uma vontade quando posto perante certas e determinadas situações. Estamos, portanto, mesmo nestes casos perante verdadeiras declarações negociais sob a forma de documentos.

Mas, as **questões em volta do documento electrónico não terminam aqui**. O verdadeiro cerne da questão encontramos no domínio da **prova** deste tipo de documentos:

Em primeiro lugar, surge-nos o problema da **produção deste tipo de prova.** Tratando-se de uma mensagem electronicamente configurada, como poderá ser carreada para um processo, fazendo prova da verificação de determinados factos, da existência de determinadas obrigações e deveres?

Parece que nesta situação poder-se-á recorrer a duas modalidades:

1 – No caso, do documento electrónico se **manter no seu local**:

a) Através de um **exame do próprio documento electrónico no local onde se encontra gravado** (computador ou sistema informático) por parte do próprio tribunal – **inspecção judicial**, ou,

b) Mediante exame por parte de terceiros – **prova testemunhal.**

2 – **Se houver lugar à extracção do documento electrónico** do local onde se encontrava guardado, estamos perante a **produção da prova por reprodução mecânica.**

Outro problema, é o de saber qual **o valor, em termos probatórios, destes documentos** processados de forma electrónica?

O **problema da integridade** surge-nos neste ponto e relaciona-se directamente com o valor probatório a atribuir ao documento electrónico. Como é natural, quanto mais fiabilidade nos oferece o documento (em termos de descrição da realidade dos factos), maior será o valor probatório a atribuir.

A propósito disto, surge-nos, então, a chamada, ASSINATURA DIGITAL, e que se encontra relacionada directamente com o problema, já acima referido, da **identificação** de cada um dos intervenientes no mercado electrónico e **a integridade da sua declaração de vontade**.

Esta assinatura é, nem mais nem menos, o **bilhete de identidade** através do qual os intervenientes no mercado electrónico se identificam reciprocamente conferindo segurança nas suas transacções comerciais. Para além do que já foi dito quanto à virtualidade, há que salientar que está em causa, sem dúvida, do **maior mercado** que até hoje já existiu.

Afinal, é o **mercado global planetário**, em que qualquer um de nós pode participar, transaccionando todo o tipo de produtos ou serviços. Portanto, não é possível o **conhecimento individual**, físico ou pelo menos telefónico, dos co-contratantes com quem se estabelece um relacionamento tendo em vista a concretização de transacções comerciais. E daí que assuma uma **importância determinante**, para quem comercializa no comércio electrónico, o conhecimento com segurança da **identidade**, **capacidade** e **competência** da outra parte.

6.4. ***Noção de assinatura e processo de autenticação***

Ora, a assinatura digital constitui um **instrumento técnico ao dispor dos contraentes** que possibilita de uma forma segura o acesso aos elementos identificativos do autor de uma mensagem ou documento electrónico (pelo menos a mais segura possível atento o grau de conhecimento técnico existente).

Por exemplo, sendo colocada uma assinatura digital ter-se-á a possibilidade de saber, com alguma segurança, que aquele que se diz ser X é na realidade X. – Mais uma vez se apresenta aqui a inter-relação entre o aspecto técnico e o aspecto jurídico no domínio do comércio electrónico.

Podemos dizer que a assinatura digital se trata de um **sinal identificativo processado electronicamente e que recorre à técnica criptográfica** (mais propriamente a um sistema criptográfico assimétrico) para compilar um conjunto de dados pessoais de alguém. Isto é, são criadas **duas chaves assimétricas** – uma **privada** e outra **pública** – através de um processo criptográfico – permitindo que alguém que receba uma mensagem com a assinatura digital X e que possa em seguida ir verificar se esta assinatura corresponde à chave pública X.

Sempre que se envia uma mensagem electrónica com uma assinatura digital, surgem-nos dois momentos no seu envio:

Num primeiro passo, o autor da mensagem recorrerá a um processo de aposição da assinatura, disponibilizado por uma entidade certificadora, e introduzindo uma chave privada de seu único e exclusivo conhecimento.

Recebida a mensagem pelo respectivo destinatário, este irá verificar a assinatura digital aposta no documento com a chave pública acessível na Internet.

Assim, este sistema funciona para quer para **autenticar a identidade do autor quer para assegurar a integridade** do conteúdo da mensagem. A chave pública servirá para verificar se a assinatura foi feita de acordo com a chave privada, e **se houve alteração ao conteúdo da mensagem depois de ter sido assinada** com a chave privada, assegurando assim a integridade do documento.

Para além disso, este sistema funciona também para **cifrar** (ou codificar) a mensagem de resposta do destinatário, impossibilitando-se o conhecimento do conteúdo por parte de terceiros. Desta forma, este destinatário responde ao autor, recorrendo à chave pública que cifra a sua mensagem e que apenas será decifrada com a chave privada.

6.5. *A certificação*

Mas, **pergunta-se, quem nos poderá assegurar que essa chave pública corresponde de facto à identidade** verdadeira da pessoa?

Neste ponto, surge-nos então a intervenção de um **terceiro – a entidade certificadora das assinaturas digitais**. A entidade certificadora é a entidade que irá controlar as condições de idoneidade e segurança na atribuição de cada assinatura digital.

Através deste mecanismo técnico, acima brevemente referido, confere-se alguma segurança ao comércio electrónico e responde-se assim a questões jurídicas como a **identidade,** a **capacidade** e a **competência** dos intervenientes. Constituindo, portanto, a **assinatura digital um instrumento técnico à disposição dos particulares** tendo em vista a segurança jurídica tão necessária e imprescindível neste relacionamento electrónico tão particular.

Por outro lado, deve ser também considerado como um preciso **instrumento de auxílio ao legislador** para a resolução dos problemas acima mencionados.

7. A situação em Portugal

7.1. *A assinatura digital*

Entre nós, o sistema da assinatura digital, acima descrito, encontra-se previsto no **Decreto Lei n.º 290-D/99**, de 2 de Agosto. Este diploma leal apresenta algumas semelhanças com a legislação comunitária vigente, no entanto, trata-se de uma lei anterior à Directiva comunitária[12] que regula esta matéria, não constituindo assim a transposição desta para o ordenamento jurídico nacional.

Embora estivesse prevista a promulgação de **Decreto Regulamentar,** no prazo de 150 dias após a sua entrada em vigor, o que é facto, é que foi ultrapassado largamente esse prazo, surgindo mais de um ano depois a Portaria nº 1370/2000, publicada a 12 de Setembro de 2000, sobre o seguro obrigatório de responsabilidade civil das entidades certificadoras e, ainda mais tarde, o Decreto Lei nº 234/2000, de 25 de Setembro, relativo à entidade credenciadora das entidades certificadoras de assinaturas digitais – o Instituto das Tecnologias de Informação na Justiça.

Este organismo do Ministério da Justiça, tanto quanto foi possível apurar,[13] ainda não credenciou qualquer entidade certificadora, prevendo-se que seja iniciada esta actividade de credenciação no início de 2002. – Deste modo, observamos que muitas das regras essenciais deste diploma são inexequíveis.

Como dizia, o **Decreto Lei n.º 290-D/99**, de 2 de Agosto, constitui a primeira medida legislativa por parte do actual Governo neste domínio, e vem implementar um dos objectivos plasmados na chamada **Iniciativa Nacional para o Comércio Electrónico**: a segurança do comércio electrónico.

A Iniciativa criada pela Resolução do Conselho de Ministros n.º 115/98, plasmando o **programa do Governo neste domínio**, reconhece que a definição do regime jurídico aplicável aos documentos electrónicos e assinatura digital, se apresenta como extremamente necessária para a plena afirmação do comércio electrónico.

Como refere o preâmbulo deste diploma ***"as assinaturas electrónicas possibilitam ao utente de dados enviados electronicamente que verifique a sua origem (autenticação), bem como se os dados foram***

---

[12] Directiva 1999/93/CE.

[13] Informação recolhida através da consulta de obras nacionais em meados de 2001.

entretanto alterados (integridade). *Em matéria de assinatura electrónica, o presente diploma assenta no modelo tecnológico ora prevalecente: a assinatura digital produzida através de* ***técnicas criptográficas.****"*

7.1.1. *Análise do conteúdo do Decreto-Lei n.º 290-D/99*

Quanto ao diploma respeitante à assinatura digital, podemos observar que este diploma se baseia em **três princípios** essenciais: o princípio da **não obrigatoriedade**, da **equiparação**, e do **livre acesso**.

a) **O princípio da não obrigatoriedade**

Na verdade, este sistema da assinatura digital **não é de recurso obrigatório**. No entanto, quando haja o recurso a outro sistema de assinatura, pode ser prejudicada a força legal do documento em termos probatórios.

O artigo 3º deste diploma estatuí no seu n.º 4 que é possível o recurso a outros meios como forma de comprovação da autoria e da integridade dos documentos electrónicos (desde que tal seja convencionado pelas partes ou seja aceite pela pessoa a quem for oposto o documento).

O princípio da autonomia contratual em matéria de prova é assim reiterado neste diploma.

Contudo, o n.º 5 deste preceito estabelece que **quando o documento electrónico não seja assinado mediante a assinatura digital prevista neste Decreto Lei**, funcionará então o **princípio da livre apreciação da prova** pelo julgador.

b) **O princípio da equiparação ao documento escrito**

O Documento electrónico é ainda equiparado ao documento escrito, na condição do seu conteúdo ser susceptível de representação como declaração escrita.

– Mesmo antes **da publicação deste diploma legal, já havia quem entendesse que este tipo de registos e mensagens informáticos eram documentos e documentos escritos.** Este diploma legal veio apenas confirmar este entendimento acabando com dúvidas.

Mas que tipo de documento escrito é o documento electrónico?

Sabemos que o artigo 363º do Código Civil prevê diversas modalidades de documentos:

(1) **documentos autênticos** (exarados pelas autoridades públicas com fé pública e de acordo com as formalidades legais);

(2) **documentos particulares** (todos os demais documentos, que se subdividem ainda em **documentos particulares autenticados** – confirmados pelas partes perante notário – ou **simples particulares**).

Naturalmente, os documentos electrónicos são documentos particulares, dispondo este diploma legal (artigo 3º) que quando lhe seja aposta uma assinatura digital,o documento electrónico tem a força probatória de documento particular assinado. Fazendo prova plena das declarações atribuídas ao seu autor, sem prejuízo da arguição da falsidade. (artigo 376.º do Código Civil)

Por outro lado, **sempre que o conteúdo de tal documento electrónico** (assinado com a assinatura digital nos termos legais), **não seja susceptível de representação como declaração escrita**, então, é lhe atribuída a **força probatória de reprodução mecânica**. **Fazendo, desta forma,** prova plena dos factos **e das coisas que representam, nos termos do** artigo 368.º **do Código Civil, – é claro se a outra parte não impugnar a sua veracidade.**

O mesmo artigo 3º considera, **em termos penais**, que este tipo de documentos **só vale como prova dos factos ou coisas reproduzidas se não forem ilícitos**, nos termos da lei penal. (**artigo 167.º** do CPP quanto ao valor probatório das reproduções mecânicas)

c) Por último, temos ainda **o princípio do livre acesso**

No que respeita à certificação das assinaturas digitais, está previsto o princípio do **livre acesso a este tipo de actividade,** exigindo-se no entanto o preenchimento de determinadas condições previstas no âmbito de um **processo de credenciação**, nomeadamente, requisitos patrimoniais (40.000 contos), certos recursos materiais, técnicos, de segurança, e ainda um seguro de responsabilidade civil – a fixar em portaria que também ainda não foi promulgada.

7.2. *As facturas electrónicas*

Outro diploma legal relevante neste domínio, é o **Decreto Lei n.º 375/99**, de 18 de Setembro. Este diploma consagrou o **princípio da equiparação** entre as facturas electrónicas e as facturas em suporte papel, constituindo assim uma medida legislativa adoptada na sequência da **Resolução do Conselho de Ministros n.º 119/97**, de 14 de Julho. – Refira-se que esta resolução ministerial veio adoptar, no plano governamental, **as bases gerais da reforma fiscal para o século XXI,** e que, entre vários objectivos neste domínio, o Governo considerou de grande importância a **implementação das novas tecnologias da comunicação nos sistemas tributários**, criando novas estruturas, adaptando procedimentos, serviços, formando pessoal.

Voltando à factura electrónica propriamente dita e ao teor do diploma legal que veio implementar um sistema de reconhecimento, estatuí-se neste diploma que a factura ou documento equivalente poderá enviada ao seu destinatário através da via electrónica, valendo como se de factura papel se tratasse.

No entanto, o princípio da equivalência não se aplica sem mais a qualquer factura electrónica, estando previstos um conjunto de requisitos para o seu efectivo reconhecimento em termos legais. Assim, para que a factura enviada electronicamente tenha o valor de factura papel, com todos os efeitos legais, exige-se:

1 – A aposição de uma assinatura digital nos termos do Decreto-Lei n.º 290-D/99. – Ora, não estando ainda em funcionamento pleno o sistema da assinatura digital em Portugal, a factura electrónica, por sua vez, também não poderá ser reconhecida.

2 – Para além disso, requer-se ainda que as empresas solicitem à Direcção Geral dos Impostos a respectiva autorização, comprovando que os elementos técnicos respeitantes ao **sistema informático de criação, transmissão e conservação de facturas electrónicas** se encontram conformes com os requisitos previstos legalmente.

3 – Acresce ainda que, após a autorização, a empresa deve **comunicar**, mediante requerimento, **o início da utilização** deste sistema – devendo fazê-lo no prazo de um ano sob pena de caducidade da autorização.

Por último, a **regulamentação complementar**, quanto às condições e os requisitos de utilização da factura electrónica, prevista também para um prazo de 120 dias, foi publicada cerca de um ano depois com o Decreto Regulamentar nº 16/2000, de 2 de Outubro de 2000.

Neste diploma, estabelece-se, para além dos elementos necessários para a apresentação do requerimento para a utilização do sistema de facturação electrónica, uma obrigação de conservação da integridade do conteúdo da factura electrónica pelo mesmo prazo legal previsto para a conservação das facturas em suporte papel e ainda os requisitos para o armazenamento destas facturas[14].

8. A celebração do contrato

8.1. *Data e momento*

Ainda quanto às questões jurídicas e agora relativas à **DATA E MOMENTO DA CELEBRAÇÃO DO CONTRATO**, temos que, nesta matéria, encontramos a teoria da recepção, quer no plano internacional, no Acordo Europeu Tipo para o EDI (Recomendação n.º 94/820/CE), e ainda na Convenção de Viena sobre a venda internacional de mercadorias, quer também em Portugal.

Com efeito, no plano nacional, encontramos o Artigo 224º do Código Civil, quanto à perfeição e eficácia da declaração negocial receptícia, que estatuí que a produção dos seus efeitos tem lugar logo que chega ao poder ou é conhecida pelo destinatário.

A este propósito, a Comissão Europeia sustentou que a regra da recepção deve ser interpretada no sentido que **a aceitação produz os seus efeitos no momento e lugar da recepção da mensagem EDI pelo computador ou pelo sistema informático** do proponente.

8.2. *Jurisdição competente e lei aplicável*

Dois últimos aspectos jurídicos relevantes, em matéria de comércio electrónico, estão relacionados com os problemas da **JURISDIÇÃO COMPETENTE e da LEI APLICÁVEL**.

Na verdade, é natural a existência de diferenças entre os intervenientes neste tipo de relações via electrónica – tal como em qualquer outro tipo de relações – e há medida que o número de relações deste tipo aumenta, com certeza, aumenta a probabilidade do surgimento de roturas e conflitos neste tipo de relações contratuais.

Para fazer face a este tipo de situações, os intervenientes nesta nova via comercial têm, antes de mais, a possibilidade de recorrer à solução

[14] No entanto, a conclusão que foi por nós apresentada aquando desta apresentação – quanto ao não funcionamento na prática deste sistema – mantém-se, dado este se encontrar dependente, como já observamos, do funcionamento da assinatura digital em Portugal.

extrajudicial, à arbitragem. Esta forma de resolução de conflitos é tida como um instrumento muito importante para o desenvolvimento do comércio electrónico, sendo defendida quer pela Comissão Europeia quer por outras Organizações internacionais interessadas nestes assuntos.

Mas, não raras são as vezes em que tal forma de resolução não é possível e, portanto, deparamo-nos com o inevitável caminho para os tribunais. Neste âmbito, surgem-nos então com grande acuidade as questões acima mencionadas, quanto ao tribunal competente para dirimir o litígio e quanto à lei que irá ser aplicada nessa resolução. Tratam-se de matérias essenciais e muitas vezes esquecidas no relacionamento entre os vários intervenientes, seja no comércio tradicional, seja no comércio electrónico.

8.2.1. *Jurisdição competente*

Assim, perante um contrato electrónico, de compra e venda, de prestação de serviços, de transporte, de distribuição, etc, coloca-se o problema de saber qual o tribunal competente para dirimir esse conflito de interesses.

Em Portugal, as regras de determinação da competência internacional dos tribunais portugueses encontram-se, em princípio, previstas no **artigo 65º do Código de Processo Civil**.

No entanto, como é sabido, Portugal encontra-se também vinculado à **Convenção de Bruxelas** de 1968, em matéria de competência judiciária e reconhecimento de sentenças (civil e comercial), prevalecendo as regras aí estabelecidas sempre que se trate de uma situação ocorrida no âmbito do território comunitário.

Esta Convenção estatuí, como regra geral, o tribunal do domicílio do réu (artigo 3º), não podendo ser invocadas as regras nacionais dos Estados signatários, nomeadamente as constantes no artigo 65º do Código de Processo Civil. Em matéria contratual, o nº 1 do artigo 5º, prevê a competência específica do tribunal do local onde a obrigação, que serve de fundamento ao pedido, foi ou deva ser cumprida.

No entanto, realça-se que, com a entrada em vigor do Tratado de Amsterdão, todas estas matérias reguladas nesta Convenção, passaram para o foro comunitário – as novas competências da Comunidade Europeia –, encontrando-se agora sob a alçada do artigo 65º do Tratado CE.

Daí que exista já o Regulamento (CE) n.º 44/2001 do Conselho[15], tendo por base jurídica o artigo 61º, alínea c) e que irá substituir esta Con-

---

[15] Regulamento (CE) n.º 44/2001 do Conselho, de 22 de Dezembro de 2000, relativo à competência judiciária, ao reconhecimento e à execução de decisões em matéria

venção, pelo menos no que respeita 14 Estados Membros, com exclusão da Dinamarca[16].

Para assegurar a continuidade entre a Convenção de Bruxelas e este Regulamento, estão previstas disposições transitórias, sendo que, para além disso, haverá continuidade também no que diz respeito à interpretação das disposições da Convenção de Bruxelas.

Ainda quanto ao comércio electrónico, destaca-se que, no que diz respeito à modalidade empresa/consumidor, o Regulamento prevê, quanto à competência em matéria de contratos celebrados por estes celebrados, que o consumidor[17] possa intentar uma acção contra a outra parte no contrato, quer perante os tribunais do Estado-Membro em cujo território estiver domiciliada essa parte, quer perante o tribunal do lugar onde o consumidor tiver domicílio (nº 1 do artigo 16º).

8.2.2. *Lei aplicável*

Por outro lado, surge-nos ainda a questão de determinação da lei aplicável a um qualquer conflito de interesses, tendo como suporte um contrato electrónico e como pano de fundo as novas vias tecnológicas. Neste caso estamos já perante o âmbito de aplicação espacial das normas jurídicas estaduais.

Na verdade, é frequente que uma situação jurídica desenvolvida no comércio electrónico esteja em contacto com várias ordens jurídicas, atenta por exemplo a localização dos intervenientes em diferentes Estados.

Assim, no que concerne à lei aplicável aos contratos electrónicos, tratando-se de um domínio do Direito Internacional Privado, surgem-nos, desde logo, as regras de conflito nacionais aplicáveis a este tipo de situações plurilocalizadas.

No entanto, e mais uma vez temos, no espaço comunitário, a existência de uma Convenção – **Convenção de Roma de 1980**, em matéria de

---

civil e comercial. No salienta-se que este regulamento apenas entrará em vigor em **1 de Março de 2002**.

[16] Realce-se que a Convenção de Bruxelas se mantém em vigor nas relações entre a Dinamarca e os Estados-Membros vinculados pelo regulamento. Para além disso, tendo em conta os compromissos internacionais subscritos pelos Estados-Membros, este regulamento não irá afectar as convenções em que estes são parte e que incidam sobre matérias especiais.

[17] Enquanto que a outra parte no contrato só pode intentar uma acção contra o consumidor perante os tribunais do Estado-Membro em cujo território estiver domiciliado o consumidor (nº 2 do artigo 16º).

obrigações contratuais –, e que se sobrepõe aquelas regras de conflito, fixando as regras de determinação da lei aplicável a este tipo de contratos.

Assim, estabelece-se que os contratos concluídos com consumidores (não celebrados com vista ao desenvolvimento de uma actividade profissional) e que tenham por objecto a venda de coisas móveis ou de prestação de serviços, ou o financiamento da compra destes objectos, – não tendo os contraentes previsto a lei que regula o seu contrato –, será **a lei da residência do consumidor** que irá reger a relação contratual electronicamente estabelecida (artigo 5º).

Naqueles casos em que as partes previram a lei aplicável, diferente da domicílio do consumidor, haverá que aplicar pelo menos as disposições imperativas da lei do domicílio do consumidor na medida em que se encontrem relacionadas com a protecção do consumidor.

Trata-se de uma situação em que a Convenção se afasta em relação à vontade das partes – princípio da autonomia privada e da liberdade contratual –, tendo-se em vista a prossecução de um objectivo de protecção do consumidor, de forma a que não seja privado daquele nível de protecção que lhe é conferido pela lei da sua residência habitual.

No entanto, a aplicação de uma lei distinta da escolhida pelas partes depende da **verificação cumulativa de um conjunto de requisitos**: (1) que a conclusão do contrato tenha sido precedida de um **convite dirigido ao consumidor** ou de **publicidade** no país do consumidor, e (2) que o **consumidor concluiu o contrato** (praticando os actos necessários para tanto) **no seu próprio país**.

Para as outras modalidades de comércio electrónico, em que os contratos electrónicos não são celebrados com consumidores, e sempre que haja o silêncio das partes nesta matéria, a Convenção de Roma estabelece como lei aplicável **a lei do país com o qual este contrato apresenta laços mais estreitos**. Presumindo-se, salvo prova em contrário, que será a lei do país da residência, ou da sede, ou do estabelecimento, **onde a parte que irá cumprir a obrigação típica se encontra estabelecida**.

9. A perspectiva internacional

A concluir, verificamos que, cada vez mais, os problemas do comércio electrónico têm de ser abordados conjugando **<u>duas vertentes</u>**:

– a **perspectiva comunitária** de livre circulação de mercadorias e bens – regras do mercado interno. (Surgindo a Directiva Comu-

nitária, acima referida, sobre a assinatura digital e, ainda mais recentemente, a posição comum entre o Conselho e o P.E. em matéria de Comércio electrónico), e,
- a **perspectiva internacional** de globalização e de liberdade do comércio internacional.

Existindo grupos de trabalho no âmbito das Organizações internacionais (OMC, OECD, ONU, etc) mais directamente relacionadas com o desenvolvimento do comércio internacional entre os Estados e com a **protecção de determinados interesses relevantes em matéria de comércio electrónico e internet**, destacando-se nomeadamente os interesses dos consumidores, dos menores, dos excluídos, e ainda das populações mais afastadas.

Para além disso, verificamos que existe um jogo de forças entre **duas tendências** partidárias de visões e perspectivas diferentes quanto ao comércio electrónico:

Por um lado, encontramos **a UE com uma perspectiva regulamentadora** da actividade do comércio electrónico – visando a protecção de determinados interesses relevantes susceptíveis de serem postos em causa com a prática de abusos neste domínio (protecção do consumidor e dos menores).

No campo oposto, surge-nos **os EUA, partidários da auto-regulamentação** como factor primordial para o incremento do comércio electrónico, sustentando que caberá aos próprios participantes no comércio electrónico a criação de regras e práticas comerciais que irão pautar na condução dos seus "comportamentos comerciais electrónicos".

Portugal, enquanto membro da UE, tem adoptado[18] e virá adoptar um conjunto de medidas legislativas que são, em grande parte, determinadas por Directivas e Regulamentos Comunitários adoptados recentemente neste domínio. No entanto, acredito que será necessário também um conjunto de **acções concretas de sensibilização** junto de alguns sectores da actividade económica, quer para algumas questões que se colocam quer para os potenciais existentes no âmbito do comércio electrónico.

---

[18] Como aconteceu recentemente com o Decreto Lei nº 143/2001, de 26 de Abril, que transpôs para a ordem jurídica interna a Directiva 97/7/CE, do Parlamento e do Conselho, de 20 de Maio, e que tem em vista regular a protecção dos consumidores em matéria de contratos celebrados à distância, nos quais se incluem os contratos electrónicos.

COMÉRCIO ELECTRÓNICO E TRANSFERÊNCIAS ELECTRÓNICAS DE FUNDOS*

MARIA RAQUEL GUIMARÃES
(Assistente da Faculdade de Direito da Universidade do Porto)

---

* O presente texto resulta do desenvolvimento dos tópicos que serviram de base à comunicação com o título "As transferências electrónicas de fundos", integrada no colóquio subordinado ao tema "Protecção de dados pessoais, comércio electrónico e criminalidade informática", promovido pelo Centro de Estudos Judiciários, em Lisboa, nos dias 8 e 9 de Junho de 2001. Neste trabalho fizemos apelo a alguns conceitos e figuras que foram objecto de uma monografia publicada em 1999, com o título *As transferências electrónicas de fundos e os cartões de débito* (Livraria Almedina, Coimbra). Socorremo-nos também das informações coligidas aquando da elaboração do estudo sobre a implementação da Recomendação comunitária 97/489/EC, integrado na *Call for Tender XV/99/01/C*, no âmbito do qual, enquanto investigadora do CIJE – Centro de Investigação Jurídica e Económica, fomos responsável pelo relatório português ("*Study on the implementation of Recommendation 97/489/EC concerning transactions carried out by electronic payment instruments and in particular the relationship between holder and issuer – National Report: Portugal*" *in* http://europa.eu.int/comm/internal_market/en/finances/payment/instrument/report_pt.pdf, 2001).

n.º 47/96. 4.4. A Instrução do Banco de Portugal n.º 54/96. 4.5. O Decreto-Lei n.º 446/85, de 25 de Outubro. 5. Breve análise da jurisprudência mais recente sobre a matéria. Bibliografia referida no texto.

1. Introdução. Comércio electrónico e transferências electrónicas de fundos

As transferências electrónicas de fundos (TEFs), enquanto operações de transferência de fundos iniciadas através de terminal electrónico, telefone, computador ou fita magnética, com o objectivo de ordenar, instruir ou autorizar uma instituição financeira a debitar ou a creditar uma conta[1], compreendem um sem-número de transacções que poderíamos designar genericamente de *electronic banking*. Aqui se incluem operações tão díspares como as compensações realizadas através de câmaras de compensação automatizadas, as transferências de dados através da rede SWIFT, a retenção e a garantia de cheques, o banco ao domicílio, o levantamento de numerário e o pagamento através de ATMs, bem como o pagamento automático realizado em terminais instalados em estabelecimentos comerciais[2].

Nesta imensidão de operações de *electronic banking* interessam-nos aqui, apenas, aquelas que mais frequentemente se relacionam com o chamado comércio electrónico. Ora, o comércio electrónico, mesmo entendido em sentido estrito, enquanto conjunto de transacções comerciais electrónicas, inclui, nomeadamente, a celebração de contratos de compra e venda e de prestação de serviços, as negociações que os precedem, mas também as actividades posteriores complementares para a sua execução

---

[1] Definição adoptada pelo *Electronic Fund Transfers Act* americano, §1693a. (6) (diploma este que é parte integrante do *Consumer Credit Protection Act*, §§ 1693 *et seq.* Sobre a protecção conferida pelo *Electronic Fund Transfers Act vide* Thomas J. SMEDINGHOFF, "*Online Payment Options*" *in Online Law – The SPA's Legal Guide to doing business on the Internet*, Thomas J. Smedinghoff (ed.), Addison-Wesley Developers Press, 1996, § 7.4, p. 110). Partimos assim de uma definição de TEFs em sentido estrito, realçando o facto de se tratarem de operações de transferência de fundos iniciadas com recurso à informática, e afastando todas aquelas operações que, recorrendo a meios electrónicos em alguma das suas fases, são, no entanto, iniciadas através dos chamados meios tradicionais.

[2] Para uma caracterização destas e das demais operações TEFs *vide* o nosso *As transferências electrónicas de fundos e os cartões de débito*, Livraria Almedina, Coimbra, 1999, pp. 24 a 54.

(onde se incluem os pagamentos electrónicos), desde que levadas a cabo através da Internet, concretamente através de correio electrónico ou da *World Wide Web*[3] ou, de uma forma mais geral, utilizando terminais de computador[4].

Desta forma, trataremos essencialmente aqui as transferências electrónicas de fundos que se traduzem em *operações de pagamento electrónico*, embora tomando este conceito de "pagamento electrónico" num sentido não absolutamente rigoroso, nele incluindo a utilização de um conjunto variado de meios de pagamento à distância com recurso à informática. Assim, consideraremos também nesta análise os pagamentos realizados mediante cartão de crédito, não obstante a sua inclusão no seio das TEFs, a ser possível, só caber numa noção ampla destas operações[5].

---

[3] Esta definição de comércio electrónico em sentido estrito é enunciada por Apol.lonia MARTINEZ NADAL, *Comercio electronico, firma digital y autoridades de certificacion*, Estudios de Derecho Mercantil, Editorial Civitas, Madrid, 1998, p. 25. De resto, tal como é apontado pela A., a *Comunicação da Comissão das Comunidades Europeias ao Conselho, ao Parlamento Europeu, ao Comité Económico e Social e ao Comité das Regiões sobre a Iniciativa Europeia do comércio electrónico* [COM (97) 157 final], Bruxelas, 16/04/1997, pp. 7 a 10, inclui no conceito de comércio electrónico, com toda a propriedade, as transferências electrónicas de fundos. Para uma noção ampla de comércio electrónico, cfr. Chris REED e Lars DAVIES, "*Electronic Commerce*", *in Computer Law*, Chris Reed and John Angel (ed.), 4th ed., Blackstone Press Limited, Londres, 2000, § 10.1, p. 300.

[4] António Pinto MONTEIRO define os contratos informáticos (em sentido amplo) enquanto contratos cujo objecto se traduz em bens ou serviços informáticos ou em cuja celebração se recorre a meios informáticos, preferindo, no entanto, afastar desta noção uma terceira modalidade de operações relacionadas com a informática: precisamente aquelas que apenas recorrem a meios informáticos na fase da sua execução, do seu cumprimento. É o caso das transferências electrónicas de fundos, que o A., considerando "duvidos[a]" a sua classificação enquanto contratos informáticos "só porque se cumprem através de meios dessa natureza", prefere designar como "contratos de execução informática ou telemática". *Vide*, do A., "A responsabilidade civil na negociação informática", *in* Direito da Sociedade da Informação, volume I, Coimbra Editora, 1999, pp. 230 e 234.

Assim, utilizando a terminologia deste A., podemos dizer que as operações de comércio electrónico referidas no texto englobam não só os "contratos informáticos" mas também os "contratos de execução informática".

[5] Há que dizer, no entanto, que o peso desta "falta de rigor" muito se esvai se atendermos ao facto de que textos como o *Documento Orientador da Iniciativa Nacional para o Comércio Electrónico* (aprovado pela Resolução do Conselho de Ministros n.º 94/99, *in* D.R. n.º 198/99, Série I-B, de 25/08/1999, pp. 5753 a 5762, Área 4.) e, sobretudo, a Recomendação 97/489/EC, de 30/07/97 (J.O. n.º L 208, 02/08/1997, pp. 0052 a 0058, artigo 2º) incluem a utilização de cartões de crédito nos meios de pagamentos electró-

Trataremos, numa palavra, das transferências de fundos realizadas mediante *instrumentos de pagamento electrónico* (IPEs), no sentido da Recomendação da Comissão Europeia, de 30 de Julho de 1997 (97/489/EC) "relativa às transacções realizadas através de um instrumento de pagamento electrónico e, nomeadamente, às relações entre o emitente e o detentor"[6].

Abster-nos-emos, por outro lado, de focar as questões do valor dos documentos electrónicos enquanto meios de prova, da eventual responsabilidade penal desencadeada pelo uso abusivo e fraudulento dos instrumentos de pagamento electrónico e do regime jurídico da assinatura digital, matérias cujo honesto tratamento exigiria um outro espaço e um outro fôlego diferentes do que aqui pudemos dispor, embora quanto a esta última, a assinatura digital (que não ao seu regime instituído pelo Decreto-Lei n.º 290-D/99, de 2 de Agosto), sempre teceremos algumas considerações que nos parecem ser aqui pertinentes.

2. Os instrumentos de pagamento electrónico[7]

São instrumentos de pagamento electrónico aqueles que permitem, através do recurso a meios informáticos, o acesso à distância a uma conta bancária do seu utilizador[8]. Neste leque de instrumentos incluem-se os cartões de débito, cartões de crédito e cartões de despesa (cartões de débito diferido)[9], a "banca a domicílio" ou "banca à distância" (onde, por sua vez, se compreendem as operações de *phone banking*, *Internet banking* e *home banking*), bem como o denominado "porta-moedas electrónico"[10].

---

nicos, ou classificam estes cartões como "instrumentos de pagamento electrónico", respectivamente.

Para mais desenvolvimentos sobre a questão, ver o nosso *As transferências electrónicas de fundos...*, cit., pp. 77 a 79, § 6.

[6] Cfr. o artigo 2°, a), da Recomendação 97/489/EC, cit.

[7] Seguiremos de perto neste ponto as classificações e nomenclatura utilizadas pela Recomendação 97/489/EC cit.

[8] Cfr. a "Consideração" (2) da Recomendação cit.

[9] Para uma distinção e caracterização dos referidos cartões, *vide* o nosso *As transferências electrónicas de fundos...*, cit., pp. 65 a 84 e 88 a 102.

[10] Sendo este último classificado pela Recomendação cit. como um verdadeiro "instrumento de moeda electrónica" e os demais como simples "instrumentos de pagamento à distância" [artigo 2°, al. c) e al. b), respectivamente]. No entanto, Anne SALAÜN critica esta designação de "moeda electrónica" adoptada pela Recomendação comunitária,

Todos estes instrumentos permitem movimentar uma conta bancária e, consequentemente, desencadear, de uma forma imediata ou mediata, uma operação de transferência de fundos sem recorrer ao trabalho de caixa manual. Uma conta é debitada (a conta do utilizador do instrumento) e uma outra será, em princípio, creditada. E dizemos em princípio porque nem sempre a utilização destes instrumentos de pagamento electrónico origina uma inscrição com o sinal mais numa segunda conta: tal não acontece concretamente nos casos de levantamento de numerário numa caixa automática. Nesta operação, efectuada com recurso a um cartão de débito, o pagamento electrónico desencadeado não é realizado pelo titular do cartão, mas sim pelo banco depositário dos fundos levantados (devedor desses mesmos fundos em virtude do contrato de depósito) e, simultaneamente, emissor do instrumento de pagamento electrónico utilizado para a sua cobrança[11]. O titular do cartão será, neste caso, o credor do referido pagamento e não o seu devedor.

2.1. *Os cartões de débito, de crédito e de despesa*

Os cartões de débito, de crédito e de despesa podem ser utilizados independentemente da sua apresentação física perante o beneficiário da transferência de fundos que permitem desencadear. No entanto, sempre que essa apresentação seja feita, na medida em que o cartão seja utilizado num estabelecimento comercial ou numa repartição pública onde exista um terminal POS ("*point-of-sale*") de pagamento automático capaz de ler a fita magnética nele inserida, o terminal irá reconhecer o número de conta do seu titular e enviará os dados relativos à operação para o banco emissor (ou para o banco que instalou o mesmo terminal, sempre que estes bancos não coincidam — nesta última hipótese irá proceder-se, posteriormente, a uma operação de compensação entre as duas instituições). A conta bancária do credor será, consequentemente, creditada pelo valor da operação e a conta do devedor/titular do cartão será debitada pelo mesmo montante. Esse débito ocorrerá imediatamente sempre que o cartão utilizado seja um cartão

---

defendendo que, verdadeiramente, estes instrumentos não obedecem aos critérios caracterizadores da moeda, devendo antes ser designados como "instrumentos de pagamento recarregáveis por via electrónica". Cfr., da A., "*Les paiements électroniques au regard de la vente à distance*", *in* http://www.droit.fundp.ac.be/crid/eclip/default.htm. (também publicado em *Droit de l'Informatique et des Télécoms*, n.º 99/2, p. 19 a 31), p. 5.

[11] Sobre esta questão, ver o nosso *As transferências electrónicas de fundos...*, cit., pp. 99 a 101.

de débito e, neste caso, estaremos, com toda a propriedade, perante uma operação electrónica de transferência de fundos. Sendo utilizado um cartão de crédito ou de despesa, esse débito só irá ocorrer num momento posterior (havendo mesmo, no caso do cartão de crédito, a possibilidade de diferir esse pagamento ao longo do tempo, mediante o pagamento dos juros correspondentes), e implicará, eventualmente, a utilização de um outro instrumento de pagamento (um cheque, um pagamento automático numa ATM, uma operação de "banco a domicílio"), mas ainda terá como fundamento a utilização do cartão respectivo.

Nestes casos em que o cartão é apresentado perante o beneficiário da ordem de pagamento, a sua utilização implicará, em princípio, a marcação de um código secreto (PIN) no teclado do terminal de computador, no que diz respeito aos cartões de débito[12], ou a assinatura de um talão impresso em duplicado pelo terminal com os dados da operação, sempre que o cartão em causa seja um cartão de crédito ou de débito diferido.

2.1.1. *Classificação destes cartões enquanto documentos de legitimação*

A exibição do cartão perante o lojista tem basicamente uma função de legitimação, no sentido de identificar o seu portador como credor da instituição emitente. Credor do emitente, na medida em que, com base num contrato de utilização do cartão, foi concedida ao seu titular a possibilidade de exigir do mesmo emitente a devolução dos fundos depositados desencadeando transferências de fundos de uma forma electrónica (no caso dos cartões de débito[13]) ou foi concedida a possibilidade de utilizar

---

[12] Assim não acontecerá nas operações designadas de "baixo valor", nas quais a utilização do cartão implica apenas a passagem da sua fita magnética no terminal de pagamento, sem que seja exigida qualquer legitimação adicional do seu portador, para além da decorrente da "posse" do cartão. Exemplos destas operações são o pagamento de portagens nas auto-estradas e a utilização dos cartões em cabinas de telefone públicas.

[13] No caso dos cartões de débito diferido ou de despesa o depositário dos fundos pode não ser o emitente do cartão, não estando, portanto, a sua emissão necessariamente associada a um contrato de depósito. Sempre que assim aconteça, o pagamento periódico das despesas acumuladas durante um determinado período de tempo pressupõe uma autorização de débito em conta (numa conta bancária do titular) concedida ao emitente do cartão, podendo também esse pagamento ser feito através de cheque, de pagamento automático numa ATM, etc. Este é o modo de funcionamento tradicional de cartões como o *American Express* e o *Diner´s Club* (que não em Portugal, onde o primeiro dos cartões referido é explorado pelo banco BCP, portanto por uma instituição bancária depositária de fundos do titular).

um crédito, através de um contrato de abertura de crédito, disponibilizando o emitente as quantias pretendidas à medida em que estas forem solicitadas por via electrónica (no caso do cartão de crédito).

A exibição do cartão cria assim a aparência do direito nele implícito mas não exonera o seu portador (credor do direito respectivo) de exibir outros meios de prova da titularidade desse direito, sempre que estes sejam exigidos pelo devedor (ou seja, pelo emitente, embora a exigência desses meios surja através da pessoa a quem o cartão é exibido e, portanto, seja o beneficiário último da ordem de pagamento, nos casos de utilização de cartão de crédito, de despesa ou de débito em operações de pagamento automático, que poderá, por exemplo, solicitar a apresentação do bilhete de identidade do portador, a fim de conferir essa legitimidade).

Trata-se, portanto, e apenas, de uma legitimação passiva a que é conferida por estes cartões, levando, assim, à sua caracterização como documentos de legitimação[14] e afastando a sua inclusão no seio dos títulos de crédito e dos títulos impróprios[15]. De facto, embora a legitimação passiva do credor seja também inerente quer aos títulos de crédito quer aos títulos impróprios, certo é que estes dois tipos de documentos atribuem mais ao seu titular do que os cartões aqui em apreço. E isto porque não se consegue visualizar nestes cartões uma verdadeira legitimação activa do seu titular e muito menos se poderá falar em incorporação de um direito no documento, com as características da abstracção e da literalidade próprias dos direitos incorporados nos títulos de crédito.

Por outro lado, a necessidade de aposição de uma assinatura no impresso emitido pelo terminal de computador ou de marcação de um código de identificação secreto composto por quatro algarismos no teclado do mesmo terminal funcionam como elementos complementares de legitimação, destinados a apurar da coincidência entre o titular do direito à prestação e o portador do documento. Em consequência, a legitimação conferida pelo cartão é uma legitimação nominal, e não real[16], resultando

---

[14] Neste sentido, *vide* o nosso *As transferências electrónicas de fundos...*, cit., pp. 169 a 184, bem como a bibliografia aí referida. Na doutrina portuguesa, cfr., sobre a questão, Luís Miguel MONTEIRO, "A operação de levantamento automático de numerário", *in* ROA, I, ano 52, Abril, 1992, pp. 155 e 156.

[15] Para uma distinção entre documentos de legitimação, títulos impróprios e títulos de crédito, *vide*, na doutrina portuguesa, Adriano Vaz SERRA, "Títulos de crédito", *in* BMJ, n.º 60, Novembro, 1956, pp. 5 a 350 e José de Oliveira ASCENSÃO, *Direito Comercial*, Vol. III, Lisboa, Faculdade de Direito de Lisboa, 1992, pp. 17 a 28.

[16] Sobre a questão *vide* o nosso *As transferências electrónicas de fundos*, cit.,

a legitimação passiva associada ao cartão da sua utilização em conjugação com uma assinatura manuscrita do titular ou com um seu sucedâneo electrónico. E não haverá dúvidas de que a referida marcação de um código pessoal, de carácter secreto e, portanto, do exclusivo conhecimento do efectivo titular do cartão, cumprirá os objectivos de autenticação próprios das assinaturas manuscritas: identificação do titular do cartão com o conteúdo da declaração negocial implícita e adesão a esse conteúdo[17].

2.1.2. *Consequências práticas desta classificação*

Ora o enquadramento destes cartões no âmbito dos documentos de legitimação, longe de ser uma questão teórica desencadeada por uma pura ânsia de catalogação, tem importantes consequências práticas, permitindo--nos já descobrir a resposta a alguns dos seus problemas de regime que mais frequentemente se colocam. É que a apresentação de um destes

---

pp. 183 e 184, bem como a doutrina italiana aí referida, mas também Vaz SERRA, ob. cit., nota n.º 332, pp. 197 e 198.

Exceptuam-se, obviamente, desta classificação as já referidas operações efectuadas em "terminais de baixo valor", uma vez que dispensam qualquer outra forma de legitimação para além da exibição do cartão.

[17] Seguimos, quanto a este ponto, a posição já defendida por Dirk SYX no seu "*Vers de nouvelles formes de signature? Le problème de la signature dans les rapports juridiques électroniques*" (*in Droit de l'Informatique et des Télécoms*, n.º 3, pp. 133 a 147) em 1986.

Obviamente que esta equiparação da marcação do PIN a uma forma de assinatura e, portanto, a uma "assinatura electrónica" nada tem a ver com a utilização das técnicas criptográficas em que assenta o reconhecimento da assinatura digital do Decreto-Lei n.º 290-D/99, de 2 de Agosto. De resto, a assinatura digital a que se refere este diploma é apenas uma das modalidades de assinaturas electrónicas possíveis, eventualmente a mais segura, mas nem por isso a única. Isso mesmo decorre do próprio preâmbulo do Decreto--Lei em causa, quando aí se diz que "a assinatura digital constitui, neste momento, a técnica mais reconhecida de assinatura electrónica", [podendo, no entanto, o regime previsto neste diploma] "vir a ser aplicado a outras modalidades de assinatura electrónica que satisfaçam os requisitos de segurança da assinatura digital".

Este parece ser também o entendimento de Miguel Pupo CORREIA e Henrique CARREIRO (*As leis do comércio electrónico. Regime jurídico da assinatura digital e da factura electrónica anotado e comentado*, em co-autoria com Manuel Lopes ROCHA, Marta Felino RODRIGUES e Miguel Almeida ANDRADE, Edições Centro Atlântico, Lisboa, 2000, anotação ao artigo 2º, pp. 37 e 38), que integram a utilização de um código secreto no âmbito dos procedimentos designados como "assinaturas electrónicas", a par com a "assinatura digitalizada" e a "assinatura digital ou criptográfica".

cartões tem os efeitos de uma presunção (ilidível) de legitimidade do seu portador enquanto credor de um serviço electrónico que lhe permite movimentar o saldo da sua conta ou adquirir bens ou serviços a crédito. E esta presunção funciona a favor do banco emitente, na medida em que este cumpre perante aquele que *aparentemente* é (e, as mais das vezes, é-o, de facto) credor do serviço electrónico. Não funciona a favor do portador do cartão, que não sendo o credor desse serviço mas um terceiro não autorizado a utilizá-lo, não adquire nenhum direito pela facto de ter o cartão em seu poder.

Significa isto, em última instância, que o verdadeiro titular do cartão terá que vir arguir a realização de operações não autorizadas por terceiros em caso de extravio do cartão, devendo, nesse caso, o banco, que cumpriu perante um credor aparente e que, portanto, realizou uma prestação sem eficácia liberatória, cumprir novamente, o que se traduzirá, na prática, na devolução dos fundos debitados indevidamente na conta do verdadeiro titular do cartão. Neste sentido, prevê a Directiva 97/7/CE do Parlamento Europeu e do Conselho, de 20 de Maio de 1997, relativa à protecção dos consumidores em matéria de contratos à distância[18], que, em caso de "pagamento por cartão", o consumidor "possa pedir a anulação de um pagamento no caso de utilização fraudulenta do seu cartão de pagamento em contratos à distância (...)", tendo direito a ser "de novo creditado dos montantes debitados para pagamento ou [a que] os montantes lhe sejam restituídos"[19].

Esta foi, também, a solução adoptada pelo Decreto-Lei n.º 143/2001, de 26/4, encarregado de transpor para a ordem jurídica portuguesa a Directiva 97/7/CE referida[20].

---

[18] Cfr. JOCE n.º L 144, de 04/06/97, pp. 19 a 28.

No sentido da aplicação desta Directiva ao chamado comércio electrónico, *vide* A. Menezes CORDEIRO, *Manual de Direito Comercial*, vol. I, Livraria Almedina, Coimbra, 2001, p. 432, bem como Anne SALAÜN, "*Les Transactions commerciales sur Internet*", 1998 (http://www.droit.fundp.ac.be/crid/eclip/default.htm.), p. 5 e "*Les paiements électroniques...*", cit., p. 1, *in fine*, ss.

[19] Cfr. o artigo 8º da Directiva cit. Ver, no entanto, as críticas tecidas por Anne SALÄUN (*"Les paiements électroniques..."*, cit., pp. 11 e 12) a este artigo 8º, concretamente no que diz respeito ao seu campo de aplicação e à noção de "utilização fraudulenta" aqui referida.

[20] Cfr. o artigo 10º deste Decreto-Lei, com a epígrafe "Pagamento por cartão de crédito ou de débito". Note-se, porém, que o legislador português pretendeu com esta disposição ir mais longe do que a Directiva comunitária, impondo um prazo máximo de 60 dias à entidade emitente do cartão para efeitos de restituição dos montantes indevi-

Se, de facto, a exibição do cartão não permite presumir *iure et de iure* a legitimidade do seu portador para receber a prestação solicitada, não há dúvida que na esmagadora maioria dos casos existe essa correspondência entre o direito e a sua aparência, facilitando-se então a prova da sua titularidade em benefício claro da celeridade tão apreciada nas transacções comerciais e que constitui uma das grandes vantagens das operações electrónicas.

2.1.3. *As operações de cartões de pagamento realizadas... sem cartões de pagamento*

Este enquadramento jurídico tradicional dos cartões de pagamento electrónico não é negado pelo facto de estes cartões poderem ser utilizados – e, portanto, desencadearem de uma forma mediata ou imediata operações de transferência de fundos – sem recurso físico aos mesmos cartões. E estas situações são cada vez mais frequentes, multiplicam-se todos os dias, sobretudo nos casos de aquisição de produtos e serviços através da Internet, em que o pagamento electrónico surge na fase de execução de um contrato também ele informático ou electrónico; mas também nas vendas por correspondência, em consequência de um contrato "tradicional"[21], escrito, em que o recurso a meios electrónicos ocorre exclusivamente nessa fase do seu cumprimento.

Referimo-nos concretamente àquelas operações de pagamento electrónico que são contabilizadas como operações de cartão de débito ou, o que é mais frequente, de cartão de crédito e que, como as demais, aparecem inscritas a débito no extracto mensal enviado ao titular do cartão, mas que são desencadeadas apenas pelo número do cartão e pela sua data de validade. Ora estas informações, número e data de validade do cartão, encontram-se inscritas, ou melhor, gravadas no próprio cartão. Se o cartão é utilizado para pagamento de um produto adquirido por correspondência, a estas informações deverá juntar-se a assinatura manuscrita do titular do cartão. E nestes casos tudo se passa como nas transacções efectuadas num terminal electrónico, na medida em que a legitimação associada à utilização do cartão é corroborada pela assinatura do seu utilizador. Só não exis-

---

damente debitados, consagrando expressamente o direito de regresso do mesmo emitente contra os autores da fraude e prevendo a nulidade de qualquer disposição em sentido contrário ao seu regime (cfr. artigo 10º, n.º 3, n.º 4 e n.º 5).

[21] Passe a ironia de caracterizar como "tradicional" um contrato de compra e venda por correspondência, que é um negócio de massas concluído com base em cláusulas contratuais gerais e integra as chamadas "vendas agressivas"...

tirá a possibilidade de confirmar a identidade do assinante mediante a comparação das assinaturas apostas no cartão e no documento enviado. Já se o número e data de validade do cartão são utilizados num contrato informático, a transferência é efectuada sem mais e abdica-se desse elemento de legitimação suplementar que é a assinatura do titular (a menos que se recorra a métodos criptográficos para desencadear uma assinatura digital, embora já sem qualquer correspondência com a assinatura aposta no cartão; este método poderá permitir também realizar operações seguras de cartão de débito, através da Internet, na medida em que uma sequência de símbolos transformados pelos métodos criptográficos – assinatura digital – substitui a marcação do PIN).

Como facilmente se vê, esta evolução no sentido de uma maior desmaterialização dos meios de pagamento, que desmaterializa os próprios instrumentos de pagamento electrónico (já de si "desmaterializados"), vai sendo feita à custa da segurança que anda aliada à exigência de meios complementares de legitimação do portador do cartão. Confia-se em que apenas o legítimo portador do cartão tenha conhecimento do seu número e data de validade, quando estas informações são, pode dizer-se, do conhecimento geral. São estas mesmas informações que ficam gravadas no documento emitido pelos terminais de computador, sempre que o cartão é utilizado fisicamente, e em todas operações em que é utilizado, ficando cada um dos beneficiários das ordens de pagamento com um duplicado desse documento.

O problema da segurança dos pagamentos realizados sem a apresentação física do cartão extravasa, portanto, o âmbito das fraudes informáticas, da possibilidade das comunicações entre computadores serem interceptadas por "piratas cibernautas", tão empoladas nos dias de hoje. O risco de utilizações fraudulentas das informações contidas no cartão e, no fundo, o risco de utilização fraudulenta do próprio cartão é agora maior. No entanto, não cremos que esse risco recaia sobre o titular do cartão. É o vendedor que, com o objectivo de aumentar o número de transacções efectuadas e de alargar o seu mercado, abdica da recolha das assinaturas dos seus clientes no momento da cobrança dos preços devidos. Não se esqueça que a obrigação de confirmação da identidade do titular do cartão mediante a comparação das assinaturas disponíveis (no cartão e no talão emitido pelo terminal de computador) é imposta contratualmente aos beneficiários da ordem de pagamento. Assim decorre dos contratos concluídos entre as entidades emitentes dos cartões e os donos dos estabelecimentos onde é instalado um terminal de pagamento automático. O que justifica que muitos comerciantes façam depender a sorte do contrato concluído por via electrónica da devolução do talão emitido com os dados da transacção, previamente enviado por correio ao titular do cartão, devidamente assinado.

Perante um débito não autorizado, indiciado no extracto mensal enviado pelo banco, deverá o titular do cartão, como decorre dos contratos de utilização de cartões de pagamento, avisar imediatamente o emitente que, por sua vez, pedirá ao beneficiário do pagamento o título comprovativo (assinado ou não) da operação. Difícil será para esse beneficiário estabelecer a conexão necessária entre o titular do cartão e a operação realizada se não existir um documento assinado por este.

Neste sentido, estabelece a Recomendação comunitária 97/489/CE, no seu artigo 6º, § 3. que "o detentor não é responsável se o instrumento de pagamento tiver sido utilizado sem presença física ou sem identificação electrónica (do próprio instrumento). A simples utilização de um código pessoal ou de qualquer elemento de identificação similar não são suficientes para determinar a responsabilidade do detentor"[22].

Apesar de todos estes inconvenientes da proliferação de pagamentos electrónicos desencadeados pela simples indicação do número de um cartão, não podemos perder de vista que este tipo de operações só é hoje possível em virtude do aumento da segurança oferecida por quem contrata *on-line*. Maiores investimentos em segurança, quer por parte das instituições bancárias, quer pelos vendedores desse mercado que é a Internet, sendo estes dois os principais beneficiados com um clima de confiança e segurança que tranquilize os consumidores, permitirão, em pouco tempo, ultrapassar os problemas aqui expostos.

2.2. *As operações de "banco ao domicílio"*

As operações de "banco ao domicílio" ou *home banking*, entendido num sentido amplo, abrangem, como dissemos já, as operações efectuadas através do telefone (*phone banking*), realizadas com recurso a um operador telefónico ou mecanicamente, as operações levadas a cabo através da Internet, no *site* posto à disposição pela instituição bancária (*Internet banking*), bem como as operações de *home banking*, em sentido estrito, em

[22] No entender de Anne SALÄUN ("*Les paiements électroniques...*", cit., p. 8) "esta disposição fundamental deverá levar os emitentes a adoptar medidas que permitam uma identificação electrónica segura do titular, que não o código secreto", acrescentando ainda que "as soluções de encriptação deverão eventualmente ser tidas em conta".

que existe uma ligação directa, informática, entre o cliente e o seu banco. Em qualquer destes casos, o acesso aos serviços postos à disposição pela instituição bancária pressupõe a correcta marcação de um conjunto de códigos de acesso, de carácter secreto, no teclado do telefone (no primeiro sistema referido) ou do computador (nos outros dois sistemas). Também estes códigos têm aqui uma função de legitimação do utilizador enquanto cliente do serviço. Uma vez obtido o acesso ao sistema, o cliente poderá efectuar um leque vastíssimo de operações de caixa, que tradicionalmente são realizadas ao balcão de uma instituição bancária. Se a propagação de caixas ATM tinha já obviado aos inconvenientes decorrentes do horário de funcionamento das agências bancárias bem como da sua localização, estes sistemas de banco ao domicílio verdadeiramente permitem dispor de uma ATM em casa. O conjunto de operações disponíveis é, como se disse, variadíssimo e vai desde a possibilidade de consultar saldos de contas e movimentos realizados, até à possibilidade de efectuar o pagamento de contas (de água, electricidade, gás, seguros, impostos, etc.), transferências conta a conta, passando pelas operações de bolsa e o crédito à habitação.

A quantidade de operações oferecidas pelos sistemas de *home banking* é normalmente maior do que as postas à disposição através da Internet e estas são normalmente mais do que as permitidas pelo telefone, o que facilmente se justifica com base em razões de segurança. Se o *phone banking* tem os inconvenientes próprios de uma comunicação telefónica, que pode ser interceptada por terceiros, o *Internet banking*, apesar de todos os mecanismos de segurança existentes já actualmente, tem inerentes os riscos próprios de funcionar numa rede pública, partilhada por milhões de utilizadores em todo o mundo (embora esteja, naturalmente, instalado em "áreas seguras"). Já o sistema de *home banking* funciona numa rede mas privada: a rede do banco que instalou o serviço e que acrescentou assim um terminal ligado directamente aos seus computadores centrais. Os riscos do sistema são, neste caso, menores, na medida em que há maior dificuldade em aceder aos canais de transmissão utilizados.

2.3. *O "porta-moedas electrónico" (referência)*

O "porta-moedas electrónico", verdadeiro "instrumento de moeda electrónica"[23] materializa-se num cartão de plástico munido de um

[23] Cfr., *supra*, nota n.º 10.

microchip, que permite armazenar pequenas quantias de dinheiro, sendo essas quantias "descarregadas" à medida que o cartão vai sendo utilizado, podendo ser novamente "carregado" através de uma caixa ATM. Este tipo de cartão foi introduzido em Portugal há pouco mais de cinco anos e o êxito que então se previa quanto à sua utilização parece não ter sido ainda confirmado.

Melhor sucedido será com certeza um outro "instrumento de moeda electrónica", do qual não há registo até agora em Portugal, e que se traduz na possibilidade de utilizar um saldo gravado na memória de um computador. Este instrumento assenta nos mesmos princípios que o "porta-moedas electrónico", com a importante diferença de que o *chip* está agora instalado num computador doméstico. O seu utilizador poderá transferir fundos directamente da sua conta *on-line* (através de uma operação de *Internet banking*), fundos esses que ficarão armazenados na memória do seu computador e que poderão ser utilizados para efectuar pagamentos electrónicos, obviando aos inconvenientes atrás referidos relativamente à utilização de um cartão de crédito ou débito. A memória do computador será "recarregada" à medida das necessidades do utilizador. Permite-se assim a realização de pagamentos *on-line*, sem que isso implique a possibilidade de o beneficiário aceder aos dados da conta bancária do devedor. O consumidor paga, digamos que... em *cash*[24]!

3. Enquadramento jurídico das operações de pagamento electrónico

3.1. *O pagamento electrónico enquanto relação de delegação*

As operações de pagamento electrónico, na sua modalidade mais corrente de operações triangulares, traduzem um esquema delegatório desencadeado por um mandato sem representação. O utilizador do instrumento de pagamento electrónico (delegante) dá uma ordem de pagamento à instituição bancária (delegado), a favor de um comerciante ou de outra entidade (delegatário). Assim, o primitivo obrigado (delegante) é substituído por outro devedor (delegado), que irá cumprir

---

[24] Thomas J. SMEDINGHOFF ("*Online Payment Options*", cit., p. 113 ss) refere-se a estes "instrumentos de moeda electrónica" como "*digital cash*" e Graham J. H. SMITH (*Internet Law and Regulation*, 2nd ed., FT Law & Tax, Londres, 1997, p. 234 ss) como "«true» electronic cash".

perante o delegatário. Nesta medida, a delegação aqui em causa é uma delegação passiva[25].

Sempre que o instrumento de pagamento electrónico utilizado seja um cartão de débito ou um sistema de *home banking*, o cumprimento da ordem dada pelo seu titular desencadeia um duplo efeito liberatório[26]: por um lado, por parte do banco, que cumpre a obrigação, decorrente do contrato de depósito, de devolver os fundos depositados à medida em que estes forem sendo solicitados pelo depositante, por outro lado, por parte do titular do cartão, que cumpre a sua obrigação perante o beneficiário da ordem de pagamento decorrente do contrato (informático ou não) entre eles celebrado. Ora, este esquema repete-se relativamente à utilização de um cartão de crédito mas, neste caso, o pagamento realizado pelo emitente do cartão a favor da pessoa indicada pelo seu titular já não tem na sua base uma conta bancária (nem está sujeito aos limites do saldo existente, podendo, no entanto, estar limitado a um determinado *plafond* máximo previamente estabelecido). O banco cumpre a sua obrigação decorrente do contrato de abertura de crédito celebrado com o seu cliente, ficando este obrigado a devolver as quantias disponibilizadas, eventualmente acrescidas de juros, sempre que esse pagamento seja diferido no tempo.

A instituição emitente do cartão ou detentora do serviço de "banco ao domicílio" realiza o pagamento ordenado, por conta do ordenante/delegante, mas realiza-o em nome próprio. Assim, o utilizador do instrumento de pagamento electrónico, e simultaneamente mandante, delega na instituição que lhe disponibilizou esse instrumento (mandatário) o pagamento de um seu débito. Como já escrevemos noutro local, "esta ordem de pagamento [que é dada ao mandatário/delegado] constitui o objecto do contrato de mandato que une o delegante ao delegado; é na realização deste pagamento que se concretiza a obrigação do mandatário de praticar actos jurídicos por conta do mandante"[27].

É claro que este esquema delegatório adquire nestes casos uma configuração especial que lhe é dada pela natureza electrónica das operações em causa. A ordem de pagamento que dissemos integrar um contrato de mandato pode traduzir-se na marcação do número de série de um cartão de

---

[25] Neste sentido, v. o nosso *As transferências electrónicas de fundos...*, cit., p. 148 (sobretudo, nota n.º 135, bem como a bibliografia aí cit.).

[26] *As transferências electrónicas de fundos...*, cit., pp. 150 e 151.

[27] *Idem*, p. 153. No sentido de que estamos aqui perante um mandato sem representação, v. também António Menezes CORDEIRO, *Manual de Direito Bancário*, 2ª edição, Livraria Almedina, Coimbra, 2001, p. 570.

plástico num teclado de um computador ou na passagem da fita magnética de um cartão num terminal electrónico instalado num estabelecimento comercial capaz de a "ler", conjugada com a marcação, no mesmo terminal, de um código composto por quatro números. Mas as particularidades decorrentes da utilização de tecnologia informática nada retiram à caracterização que acabamos de fazer destas operações.

3.2. *O contrato de utilização de um IPE*

A realização de uma operação de pagamento electrónico nos termos analisados implica necessariamente a celebração anterior de um "contrato de utilização" através do qual é dada por uma instituição emitente de cartões de pagamento ou instaladora de serviços de "banco ao domicílio" a faculdade de os utilizar com vista à realização de transferências de fundos por via electrónica. E se a celebração deste contrato surge muitas vezes cronologicamente associada à abertura de uma conta bancária, certo é que se tratam de contratos juridicamente autónomos, embora necessariamente interdependentes. E isto porque o contrato de utilização só se justifica mediante a existência de uma outra relação negocial, subjacente, em consequência da qual o "utilizador" tenha fundos à sua disposição e possa proceder à sua movimentação por via electrónica[28]. Por outro lado, o contrato subjacente não é indiferente à sorte do contrato de utilização. Concretamente, um incumprimento deste último contrato poderá levar à resolução do primeiro. Para além de que, hoje em dia, os contratos de depósito vêm toda a sua utilidade dependente da possibilidade do recurso a meios electrónicos para a sua movimentação. O que denota estarmos aqui perante uma verdadeira coligação de contratos; coligação funcional, porque se manifesta sobretudo na fase de execução dos contratos e se justifica com base nos objectivos que se pretendem alcançar[29].

---

[28] A conclusão deste "contrato de utilização" pressupõe, assim, uma relação negocial anterior (um depósito bancário ou uma abertura de crédito) em virtude da qual o emitente do cartão ou detentor do serviço de "banco ao domicílio" coloca fundos à disposição do utilizador. Se o primeiro será a causa próxima do IPE, a segunda será a sua causa remota. (*As transferências electrónicas de fundos*..., cit. p. 105).

[29] *Idem*, pp. 108 e 109. Esta foi também a posição adoptada pelo Supremo Tribunal de Justiça, no seu Acórdão de 23/11/99 (Garcia Marques), CJ – Acórdãos do STJ, ano VII, tomo III, 1999, Coimbra, p. 103.

Sobre a coligação de contratos, v. Adriano Vaz SERRA, "União de contratos. Con-

Este contrato de utilização de um instrumento de pagamento electrónico é um contrato de adesão, unilateralmente redigido pela parte que disponibiliza o respectivo instrumento, cabendo ao seu futuro utilizador apenas a possibilidade de aderir ou não a um texto contratual pré-definido e imodificável. Como, de resto, é também um contrato de adesão o contrato anterior (de depósito), que é dele pressuposto e com o qual está coligado. Ambos se materializam em dois formulários impressos, que o aderente/cliente do banco se limita a subscrever.

4. Legislação aplicável

O panorama legislativo português, no que diz respeito às transferências electrónicas de fundos e, mais concretamente, aos instrumentos de pagamento electrónico, apresenta-se como um quase absoluto deserto, bordejado apenas por um punhado de diplomas, em qualquer dos casos de publicação anterior à Recomendação 97/489/EC, e cujo conteúdo, longe de traduzir um tratamento sistemático deste tipo de operações, ao jeito do efectuado pelos textos comunitários, antes compreende apenas um conjunto de directrizes de carácter geral, embora, em alguns casos, complementadas com algumas tomadas de posição concretas sobre determinadas questões[30].

Referimo-nos, especificamente, ao Decreto-Lei n.º 166/95, de 15/07, ao Aviso do Banco de Portugal n.º 4/95, de 27/07 e às Instruções do Banco de Portugal n.º 47/96 e n.º 54/96[31].

---

tratos mistos", *in* BMJ, n.º 91, 1960, p. 111 ss e Mário Júlio de Almeida COSTA, *Direito das Obrigações*, 8ª ed., Livraria Almedina, Coimbra, 2000, pp. 331 a 338.

Para mais desenvolvimentos sobre a coligação de contratos no sector bancário, *vide* Menezes CORDEIRO, *Manual de Direito Bancário*, cit., pp. 412 ss.

[30] Não se pretende, porém, com esta afirmação, criticar o *status quo* existente e defender necessariamente um intensificar do labor legislativo em matéria dos novos instrumentos de pagamento. Por outro lado, o "deserto legislativo" a que nos referimos diz respeito a estes instrumentos de pagamento específicos, sem, contudo, esquecer que outros diplomas têm aqui um campo de aplicação privilegiado, nomeadamente a legislação protectora do consumidor em sede de crédito ao consumo, de contratos à distância e de cláusulas contratuais gerais.

[31] Para uma análise mais pormenorizada destes diplomas, concretamente no que diz respeito à sua compatibilização com os princípios da Recomendação 97/489/EC, *vide* o nosso "*Study on the implementation of Recommendation 97/489/EC concerning transactions carried out by electronic payment instruments and in particular the relationship between holder and issuer – National Report: Portugal*", integrado na *Call for Tender*

4.1. *O Decreto-Lei n.º 166/95, de 15/07*

O primeiro, o Decreto-Lei n.º 166/95, refere-se exclusivamente aos cartões de crédito e, depois de definir quais as entidades com legitimidade para emitir este tipo de cartões, delega no Banco de Portugal a competência para estabelecer as suas condições especiais de utilização, bem como para ordenar a sua suspensão, nos casos em que as regras de utilização dos cartões violem as condições especiais fixadas ou "conduzam a um desequilíbrio das prestações atentatório da boa fé"[32]. Por outro lado, no seu artigo 3.º, o Decreto-Lei n.º 166/95 manda que as entidades emitentes de cartões de crédito, aquando da elaboração das suas condições gerais de utilização, atendam às "normas aplicáveis", referindo-se, concretamente, ao regime das cláusulas contratuais gerais, e tenham em conta, e este aspecto assume particular importância prática, "as recomendações emanadas dos órgãos competentes da união europeia"[33].

Ora, abre-se porventura aqui o caminho para a aplicação directa dos princípios vertidos nestas recomendações europeias em sede de cartões de crédito e, consequentemente, abre-se a possibilidade de sancionar as condições gerais de utilização destes cartões sempre que estas contradigam os referidos princípios, que parecem, assim, adquirir carácter vinculativo na ordem jurídica portuguesa.

Esta não esta foi, porém, a interpretação dada pelo Supremo Tribunal de Justiça ao artigo 3.º do diploma aqui em análise. Este tribunal, chamado a decidir sobre a validade de algumas cláusulas inseridas em contratos de utilização de diferentes instrumentos de pagamento electrónico, *teve em conta*, para o efeito, as recomendações comunitárias sobre a matéria, tal como dispõe o referido preceito. Mas sem deixar de esclarecer que "as recomendações [em causa] não têm valor vinculativo (...) [uma vez que] a técnica legislativa utilizada pelo n.º 1 do artigo 3.º do DL n.º 166/95, ao prescrever que as entidades emitentes de cartões bancários, ao elaborar as

---

XV/99/01/C da Comissão Europeia e publicado emhttp://europa.eu.int/comm/internal_market/en/finances/payment/instrument/report_pt.pdf, pp. 5 a 8.

[32] Cfr. os artigos 2º e 4º, al. a) e al. b), do referido Decreto-Lei, respectivamente. Para uma análise do conteúdo deste Decreto-Lei, *vide* Menezes CORDEIRO, *Manual de Direito Bancário*, cit., p. 566.

[33] E que são, concretamente, em matéria de IPEs, as Recomendações da Comissão 87/598/CEE, de 8/12/87 (JOCE n.º L 365), relativa a um Código europeu de boa conduta em matéria de pagamento electrónico; 88/590/CEE, de 17/11/88 (JOCE n.º L 317), relativa aos sistemas de pagamento e às relações entre o titular e o emissor dos cartões; e 97/489/EC, cit.

respectivas condições de utilização, deverão «ter em conta» as recomendações emanadas da União Europeia, não é de molde a conceder à normação contida naquelas recomendações a vinculatividade de que, *a se*, não dispõem"[34].

4.2. *O Aviso do Banco de Portugal n.º 4/95, de 27/07*

O Aviso do Banco de Portugal n.º 4/95, de 27/07[35], deu cumprimento ao artigo 4º, al. a) do diploma anterior e fixou o conteúdo mínimo do contrato de utilização de um cartão de crédito (prevendo, nomeadamente, a fixação das regras do ónus da prova em caso de diferendo entre as partes, bem como as condições de resolução do contrato). Este diploma teve, como principal objectivo, privilegiar a segurança associada à certeza de um contrato escrito, redigido em linguagem clara e "facilmente compreendida por um declaratário normal"[36], onde todos os direitos e obrigações das partes estão enunciados. No entanto, não se ficou por aqui e avançou no sentido do próprio conteúdo do contrato, estabelecendo no seu artigo 7º que:

> *"1) O titular é obrigado a adoptar todas as medidas adequadas a garantir a segurança do cartão, de modo a não permitir a sua utilização por terceiros e a notificar o emitente da perda, furto ou falsificação do cartão, logo que de tais factos tome conhecimento;*
>
> *2) O titular não pode ser responsabilizado por utilizações do cartão devidas aos factos a que se refere o número anterior depois de efectuada a notificação ao emitente, no caso de utilização electrónica do cartão, ou para além de vinte e quatro horas depois da mesma notificação, noutros casos*[37]*, salvo se, num e noutro caso, forem devidas a dolo ou negligência grosseira do titular;*

---

[34] Cfr. o Acórdão do STJ de 23/11/99, cit., p. 106, § 3.5.

[35] *Vide* DR, II Série, n.º 173, de 28/7/1995, p. 8782. Sobre o valor jurídico dos avisos do BP e, de uma forma mais ampla, sobre o valor jurídico das regras gerais e abstractas aprovadas pelo BP (ao abrigo do artigo 23º da sua LO e do artigo 77º, n.º 1 do Regime Geral das Instituições de Crédito), enquanto fontes de Direito Bancário, questão que não trataremos aqui, cfr. A. Menezes CORDEIRO, *Manual de Direito Bancário*, cit., pp. 46 e 47. Para uma análise do conteúdo deste Aviso n.º 4/95, *vide*, também, Menezes CORDEIRO, pp. 567 e 568.

[36] Cfr. os artigos 2º e 4º do referido Aviso.

[37] Esta autonomização de "outros casos" para além da utilização electrónica do cartão deverá considerar-se hoje desactualizada, na medida em que a utilização dos

3) Nos casos de utilizações do cartão devidas a furto, perda ou falsificação verificadas antes da notificação a que se referem os números antecedentes, a responsabilidade do titular não pode ser superior, por ocorrência, a uma dada importância a indicar no contrato, salvo nos casos de dolo ou de negligência grosseira;

4) O emitente não pode alterar as condições contratuais sem avisar o titular com um pré-aviso mínimo de 15 dias, ficando este com o direito de reaver a anuidade paga, na parte proporcional ao período ainda não decorrido, se pretender resolver o contrato por motivo de discordância com as alterações introduzidas;

5) O titular pode contactar o emitente, ou um seu representante, vinte e quatro horas por dia, pelo menos através de um número de telefone ou de um telefax a indicar no contrato."

4.3. *A Instrução do Banco de Portugal n.º 47/96*

A Instrução n.º 47/96 do Banco de Portugal[38] transcreve textualmente o regime consagrado no Aviso n.º 4/95 que acabamos de referir, mas agora consagra-o em sede de cartões de débito.

4.4. *A Instrução do Banco de Portugal n.º 54/96*

Por último, a Instrução n.º 54/96 do Banco de Portugal[39] refere-se aos instrumentos de pagamento electrónico recarregáveis, ("porta-moedas electrónicos") e fixa, de um modo muito geral, algumas regras quanto à sua emissão, bem como o princípio de que as condições gerais da sua

cartões de crédito é feita actualmente em associação com um terminal de computador (que pode funcionar "em-linha" com um computador central, ou "fora-de-linha") e independentemente da sua apresentação física (bastando, cada vez mais, a inserção do seu número para desencadear a operação). Por outro lado, não se vê a justificação para a distinção e, sobretudo, a razão de ser de fazer recair sobre o titular do cartão o risco do menor investimento do comerciante/prestador de serviço em material informático, tanto mais que este se encontra cada vez mais vulgarizado e com custos mais acessíveis. Note-se, porém, que esta questão não deixa de ser pertinente, uma vez que, embora tratando-se de casos pontuais, subsistem alguns sistemas de "ferro de engomar", pré-informáticos, de utilização destes cartões.

[38] BNBP n.º 1, de 17/06/96, alterada pela Instrução n.º 26/97 (BNBP n.º 6, de 16/6/97).

[39] BNBP n.º 1, de 17/06/96.

utilização deverão ser entregues aos titulares juntamente com o cartão. Destas condições gerais deverão constar os direitos e deveres das partes, "nomeadamente os que tenham efeitos patrimoniais, e, em especial, a explicitação dos riscos assumidos pelos portadores e as condições em que as importâncias não utilizadas poderão ser a estes devolvidas"[40].

4.5. *O Decreto-Lei n.º 446/85, de 25 de Outubro*

Para além destes diplomas que tratam especificamente da utilização de cartões de crédito e de débito e do "porta-moedas electrónico" (e, no que diz respeito aos primeiros, as regras consagradas, sobretudo em matéria de responsabilidade, ganham hoje especial interesse prático face aos problemas levantados pela sua utilização sem recurso à apresentação física do cartão), tem neste domínio particular acuidade o regime consagrado no Decreto-Lei n.º 446/85, de 25 de Outubro. Isto porque, como vimos já, os contratos de utilização dos instrumentos de pagamento electrónico são verdadeiros contratos de adesão[41], concretamente contratos celebrados mediante o recurso a cláusulas contratuais gerais previamente e unilateralmente definidas, destinadas a um grupo indeterminado de utilizadores.

Assim, a protecção conferida aos aderentes com base no princípio da boa fé justifica-se plenamente estando em causa um contrato de utilização, pelo que as suas cláusulas terão que passar por este "filtro" a fim de serem admitidas. Mas, sobretudo, a aplicação deste Decreto-Lei n.º 446/85 é importante na medida em que a acção inibitória nele prevista ganha aqui todo o sentido e permite, as mais das vezes através da actuação das instituições de defesa do consumidor e do Ministério Público, suprir a falta de iniciativa dos particulares, demovidos frequentemente pela perspectiva do tempo e dos custos envolvidos numa acção judicial.

5. Breve análise da jurisprudência mais recente sobre a matéria

Uma análise da jurisprudência dos tribunais superiores existente em matéria de instrumentos de pagamento electrónico e de transferências electrónicas de fundos permite-nos facilmente concluir que estas questões

[40] Cfr. os artigos 5º e 6º da referida Instrução.

[41] *Vide*, *supra*, § 3.2., *in fine*.

chegam aos nossos tribunais sobretudo sob a forma de um controlo de validade das cláusulas contratuais gerais contidas nos contratos de utilização. As acções são intentadas por associações de defesa do consumidor ou pelo Ministério Público e os instrumentos de pagamento electrónico originadores dos conflitos são invariavelmente cartões de débito, de crédito ou de despesa. Por outro lado, os principais problemas suscitados prendem-se com a responsabilidade das partes no contrato de utilização por operações não autorizadas, com o ónus da prova dessas operações e também com a possibilidade de rescisão unilateral do contrato[42].

Verifica-se ainda que, com a excepção do Acórdão do Supremo Tribunal de Justiça de 23/11/99, já referido, todas as demais decisões dos tribunais superiores a que tivemos acesso ignoraram a legislação específica sobre os cartões em análise, embora, cada vez mais, se reportem à Recomendação Comunitária de 97 para fundamentar as soluções encontradas[43]. E não podemos esquecer que é o próprio Decreto-Lei n.º 166/95, de 15 de Julho, relativo aos pagamentos mediante cartão de crédito, que manda aplicar (ou, pelo menos, "ter em conta"[44]) o regime contido nas recomendações comunitárias sobre a matéria. O que facilita de sobremaneira a tarefa do julgador, até 1995 limitado à verificação do cumprimento do ónus de comunicação do conteúdo do contrato de utilização, bem como do dever de prestar informações sobre esse mesmo conteúdo, previstos no regime das cláusulas contratuais gerais, e à sua posterior análise substancial com base no princípio da boa fé, embora auxiliado pelas listas "negras" e "cinzentas" de cláusulas incluídas no Decreto-Lei n.º 446/85.

Cabe hoje aos tribunais, portanto, a tarefa de explorar à exaustão as potencialidades dos parcos recursos existentes em matéria legislativa e, sobretudo, complementá-los com as recomendações que nos chegam do

---

[42] V., o nosso "*Study on the implementation of Recommendation 97/489/EC...*", cit., pp. 8 a 11.

[43] Referimo-nos, concretamente, aos Acórdãos do STJ de 16/03/2000 (Sousa Dinis), de 17/06/99 (Abílio Vasconcelos), e de 03/12/98 (Armando Lourenço), (v., respectivamente, jornal "Público", de 15/4/2000 – transcrição parcial –; CJ-S, tomo II, 1999, pp. 148 a 150; e CJ-S, tomo III, 1998, pp. 140 a 145) e aos Acórdãos da Relação de Lisboa de 26/11/98 (Jorge Santos) e de 09/10/97 (Ponce de Leão), (v., respectivamente, CJ, tomo V, 1998, pp. 109 a 112 e tomo IV, 1997, pp. 106 a 111). Note-se que apenas citamos aqui os acórdãos posteriores à publicação da Recomendação 97/489/EC, embora a análise dos acórdãos anteriores corrobore o que dissemos no texto.

[44] Cfr., *supra*, § 4.1.

centro da Europa, uma vez que é o próprio legislador nacional que indica esse caminho. Isto porque, apesar dos poderes fiscalizadores do Banco de Portugal, subsistem actualmente cláusulas inseridas nos contratos de utilização cujo conteúdo viola ostensivamente os princípios vertidos na lei, nomeadamente em matéria de resolução e denúncia do contrato, de ónus da prova e de responsabilidade por operações não autorizadas realizadas após a notificação do emitente da perda, roubo ou furto do cartão[45].

BIBLIOGRAFIA REFERIDA NO TEXTO

ASCENSÃO, José de Oliveira – *Direito Comercial*, Vol. III, Faculdade de Direito de Lisboa, Lisboa, 1992.

CORDEIRO, António Menezes – *Manual de Direito Bancário*, 2ª edição, Livraria Almedina, Coimbra, 2001.

— *Manual de Direito Comercial*, vol. I, Livraria Almedina, Coimbra, 2001.

CORREIA, Miguel Pupo / CARREIRO, Henrique / ROCHA, Manuel Lopes / RODRIGUES, Marta Felino / ANDRADE, Miguel Almeida – *As leis do comércio electrónico. Regime jurídico da assinatura digital e da factura electrónica anotado e comentado*, Edições Centro Atlântico, Lisboa, 2000.

COSTA, Mário Júlio de Almeida – *Direito das Obrigações*, 8ª ed., Livraria Almedina, Coimbra, 2000.

Documento Orientador da Iniciativa Nacional para o Comércio Electrónico (aprovado pela Resolução do Conselho de Ministros n.º 94/99, *in* D.R. n.º 198/99, Série I-B, de 25/08/1999, pp. 5753 a 5762, Área 4.).

GUIMARÃES, Maria Raquel – *As transferências electrónicas de fundos e os cartões de débito*, Livraria Almedina, Coimbra, 1999.

— "*Study on the implementation of Recommendation 97/489/EC concerning transactions carried out by electronic payment instruments and in particular the relationship between holder and issuer – National Report: Por-*

45 V., o nosso "*Study on the implementation of Recommendation 97/489/EC...*", cit., pp. 14 a 56 e a análise que aí se faz das condições gerais de utilização de 8 tipos de IPEs diferentes, emitidos por 11 instituições nacionais, e da sua adequação relativamente aos princípios da Recomendação 97/489/EC. Concretamente, no que diz respeito à repartição da responsabilidade por operações não autorizadas, vigoram ainda hoje cláusulas onde se prevê que o utilizador é responsável por todas as operações realizadas até ao segundo dia útil posterior à recepção da comunicação escrita do extravio do cartão enviada para o banco (cfr. *idem*, pp. 45 e 46). Cláusulas que, desde logo, violam frontalmente – e, tanto quanto nos é permitido saber, impunemente – o disposto na Instrução n.º 47/96 do BP (cfr., *supra*, § 4.3. e § 4.2.).

tugal" integrado na *Call for Tender XV/99/01/C* da Comissão Europeia *in* http://europa.eu.int/comm/internal_market/en/finances/payment/instrument/report_pt.pdf, 2001.

MARTINEZ NADAL, Apollonia – *Comercio electronico, firma digital y autoridades de certificacion*, Estudios de Derecho Mercantil, Editorial Civitas, Madrid, 1998.

MONTEIRO, António Pinto – "*A responsabilidade civil na negociação informática*", *in* Direito da Sociedade de Informação, volume I, Coimbra Editora, 1999, pp. 229 a 239.

MONTEIRO, Luís Miguel – "A operação de levantamento automático de numerário", *in* ROA, I, ano 52, Abril, 1992, pp. 123 a 168.

REED, Chris / DAVIES, Lars – "*Electronic Commerce*", *in Computer Law*, Chris Reed and John Angel (ed.), 4th ed., Blackstone Press Limited, Londres, 2000, § 10.1, pp. 299 a 338.

SALAÜN, Anne – "*Les Transactions commerciales sur Internet*", 1998, *in* http://www.droit.fundp.ac.be/crid/eclip/default.htm.

— "*Les paiements électroniques au regard de la vente à distance*", *in* http://www.droit.fundp.ac.be/crid/eclip/default.htm. (também publicado *em Droit de l'Informatique et des Télécoms*, n.° 99/2, p. 19 a 31).

SERRA, Adriano Vaz – "Títulos de crédito", *in* BMJ, n.° 60, Novembro, 1956, pp. 5 a 350.

— "União de contratos. Contratos mistos", *in* BMJ, n. ° 91, 1960, p. 111 ss.

SMEDINGHOFF, Thomas J. – "*Online Payment Options*" *in Online Law – The SPA's Legal Guide to doing business on the Internet*, Thomas J. Smedinghoff (ed.), Addison-Wesley Developers Press, 1996, pp. 103 a 119.

SMITH, Graham J. H. – *Internet Law and Regulation*, 2nd ed., FT Law & Tax, Londres, 1997.

SYX, Dirk – "*Vers de nouvelles formes de signature? Le problème de la signature dans les rapports juridiques électroniques*" *in Droit de l'Informatique et des Télécoms*, n.° 3, 1986, pp. 133 a 147.

O INSUSTENTÁVEL PESO DE SER MULTINACIONAL NA ERA DO COMÉRCIO ELECTRÓNICO: PRESENÇA TRIBUTÁRIA E ATRIBUIÇÃO DE LUCROS*

RITA TAVARES DE PINA
(Consultora – Transfer Pricing Group, Deloitte & Touche, Londres)

Technology is what didn't exist when you were born.
MALCOLM GARETT[1]

The New Age drive is biblical: men do not put new wine into old bottles.
LUC HINNEKENS[2]

---

* O resente estudo tem por base a tese de mestrado (LL.M.) intitulada *International Taxation of Multinationals in an Electronic Commerce Environment – Taxable Presence and Allocartion of Profits,* apresentada em Julho de 2001 na Universidade de Londres (King's College).

[1] Survey: "Creative Business: Technological Exchange", *Financial Times*, 22.05.2001 <www.ft.com>.

[2] "New Age International Taxation in the Digital economy of the Global Society", *Intertax*, V. 25, Issue 4, 1998a, p. 116.

I. INTRODUÇÃO

O termo globalização não é apenas caracterizador do conceito de empresa multinacional, a Economia em geral delineou novas estratégias empresariais que incorporaram os avanços na tecnologia e tornou-se multilateral. A *World Wide Web* deixou de ser uma utopia ao alcance de alguns e o vocabulário corrente adoptou termos como *electronic commerce* (*e-commerce*), *e-business*, *e-mail*, *web site*, *web page*, ou *Internet Service Provider* (ISP), consubstanciando uma nova dimensão que revelou um novo mundo, um espaço sem fronteiras físicas, o advento da realidade cibernética.

À medida que a percentagem da actividade económica baseada na Internet cresce exponencialmente, torna-se premente encontrar o enquadramento legal mais adequado a este novo desafio. O emergir do mercado global precipitou o desvanecer dos limites jurisdicionais, abalando séculos de sedimentação prática e doutrinária no âmbito do Direito Tributário Internacional.

Neste contexto, nenhum dos fundamentos clássicos permaneceu intocado, conceitos tradicionais baseados numa presença corpórea numa dada jurisdição foram rapidamente desafiados pela inovação tecnológica aliada ao comércio, além do mais, uma posição de impassividade face aos novos ventos de mudança por parte das administrações fiscais significa uma perda substancial de receitas tributárias. O tempo urge:

> *Electronic commerce and globalisation are, and will continue to be a challenge to tax collectors throughout the world. 'The art of taxation', advised Louis XIV`s treasurer, Jean Baptiste Colbert, «consists in so plucking the goose to obtain the largest amounts of feathers, with the least possible amount of hissing». Today, the problem lies not in obtaining the most feathers but in getting hold of any at all. In fact, the real problem is getting hold of the goose: ... geese have gone virtual*[3].

Por seu turno, as multinacionais desempenham cada vez mais um papel fulcral na cena empresarial e frequentemente são afectadas pelas

---

[3] Luc Soete, "An Eroding Tax Base" <http://meritbbs.unimaas.nl/cybertax/taxbase.html>, s.d..

disputas entre Estados na procura da justa fatia de rendimento tributável. Por esta razão, as grandes preocupações que acompanham uma actividade internacional passam por determinar qual o nexo mínimo gerador de responsabilidade tributária bem como qual o lucro atribuível a essa mesma presença.

Por outro lado, enquanto os problemas relacionados com o comércio electrónico (ou e-comércio) não passavam de uma miragem cuja discussão interessava apenas a alguns em 1996, actualmente, constituem uma preocupação concreta, extensivamente tratada quer ao nível doutrinário como ao nível das instâncias nacionais e internacionais. O recente *boom* de publicações neste âmbito, bem como as posições expressas recentemente por organizações inter-governamentais, como a Organização de Cooperação e Desenvolvimento Económico (OCDE), são indiciadores desta mudança. Deste modo, o momento presente revela-se oportuno para uma reflexão no que diz respeito às opções tomadas e às direcções que se vislumbram, tomando em consideração não apenas a aplicabilidade da perspectiva tradicional do Direito Tributário Internacional, como também as possíveis alternativas no que diz respeito ao equilíbrio entre os Estados da fonte e os Estados de residência no contexto de uma realidade mais volátil.

Este trabalho analisa, do ponto de vista das empresas multinacionais que prosseguem uma actividade comercial electrónica, quais as novas possibilidades de conexão tributária a uma determinada jurisdição e quais as consequências ao nível de atribuição de lucros no campo dos impostos directos. De facto, *e-commerce* é sinónimo de novas formas de "presença", seja através de *Web sites*, *Web servers* ou mesmo *Interne Service Providers*. Assim, todos estes possíveis elementos de ligação serão equacionados com o conceito de estabelecimento estável, paradigma da tributação na fonte, numa abordagem que adopta uma perspectiva crítica do tratamento fiscal internacional destes problemas, em especial no que diz respeito ao papel do Modelo de Convenção Fiscal sobre o Rendimento e o Património da OCDE, com algumas referências a iniciativas nacionais relativas ao assunto. A razão prende-se com o facto de o comércio electrónico ser por natureza uma actividade multi-jurisdicional e portanto passível de implicar medidas por parte de vários Estados.

Numa primeira parte serão tratados os problemas e as tendências gerais que caracterizam uma actividade empresarial na era da revolução da tecnologia de informação, procurando enquadrar as novas estruturas e estratégias económicas com implicações ao nível fiscal no âmbito dos princípios que constituem a base para discussão dos conceitos tradicionais. Num segundo momento será analisada a definição de estabelecimento estável no contexto de uma actividade menos física, tomando em consideração as várias propostas de revisão, adaptação ou mesmo nova interpretação. Em terceiro lugar serão focadas algumas consequências referentes a práticas de concorrência fiscal desleal e às dificuldades incorridas na tentativa de determinar o lucro atribuível quando a fasquia de conexão tributária é colocada num limite mínimo.

Finalmente, serão discutidas possíveis alternativas e defendem-se algumas propostas tendo em consideração a problemática referente à relação entre países *net importers* e *net exporters* de um ponto de vista de justiça distributiva. Sublinha-se no entanto, que em teoria não existem posições inquestionáveis e serão a prática e as opções políticas a determinar a nova regulamentação afecta ao comércio electrónico, mas enquanto tal tarefa não chega a um termo mantém-se uma panóplia de possibilidades.

II. "E-DESAFIOS" PARA AS MULTINACIONAIS

Antes do mais, para clarificar o escopo da presente análise é importante definir alguns pressupostos conceptuais. Como conceito de empresa multinacional assume-se uma perspectiva económica[4] e como tal entende-se qualquer empresa que é proprietária (na integra ou parcialmente), controla e administra bens geradores de rendimento em mais que um país[5]. Provavelmente, o conceito de empresa multinacional também clama por revisão e adaptação a este novo contexto, no entanto, o que é proposto é a discussão sobre as consequências fiscais de uma empresa com presença geradora de rendimento em mais do que uma jurisdição independentemente da forma legal da referida presença, aludindo ainda às

[4] Ampliando a definição adoptada pela OCDE em *The Guidelines for Multinational Enterprises* <http://www.oecd.org/daf/investment/guidelines/mntext.html>, 2000 (revistos), p. 3: «Companies and other entities established in more than one country and so linked that they may co-ordinate their operations in various ways».

[5] N. Hood e S. Young, *The Economics of the Multinational Enterprise*, Essex, Longman, 1979, p. 3 (citado por Peter Muchlinski, *Multinational Enterprises and the Law*, 2.ª ed., Oxford, Blackwell Publishers Ltd, 1999, p. 12).

implicações da divergência entre conexões económicas e conexões para efeitos fiscais[6].

Por outro lado, uma boa definição de Internet é a apresentada por Howard Abrams e Richard Doernberg[7]:

> *The Internet (interconnected networks) is a term that refers to thousands of interconnected logical networks linking millions of computers worldwide. The Internet refers to the logical connections between computers and not to the physical connections (e.g., phone lines, cable, radio transmissions). These interconnected computers include stand-alone computers and computers connected to the Internet through various networks including local area networks (LANs), metropolitan area networks (MANs), and wide-area networks (WANs).*

Finalmente, como comércio electrónico adopta-se a definição proposta à OCDE pelo Departamento de Comércio e Indústria Britânico[8]:

> *Using an electronic network to simplify and speed up all stages of the business process, from design and making to buying, selling and delivery e-commerce is the exchange of information across electronic networks, at any stage in the supply chain, whether within an organisation, between businesses, between businesses and consumers, or between the public and private sectors, whether paid or unpaid.*

De facto, a *New Age* ou a revolução das telecomunicações é a parte X+1 de uma saga representada pelos mesmos actores económicos mas com novos papéis. Os empresários estão a modificar o comportamento e a criar novas estruturas empresariais. De acordo com um estudo elaborado

---

[6] Como sublinha Ian Spence, "Globalization of Transnational Business: the Challenge for International Tax Policy", *Intertax*, V. 25, Issue 4, 1997, p. 143: «We are now in a world of transnational corporations, which make their operational and financial decisions on a global basis, and which have a different culture from traditional multinationals, with a parent in one country and satellites in "foreign countries"».

[7] "How Electronic Commerce Works", *Tax Notes International*, May 12, 1999, p. 1583 <http://ereports.tax.org/taxbase/ta5.nsf/WP/EcomFrame?OpenDocument&Login>.

[8] Inland Revenue and HM Customs & Excise, *Electronic Commerce: The UK's Taxation Agenda* <http://www.nds.coi.gov.uk/coi/coipress.nsf/>, 1999, p. 13.

por Diamond-Cluster, Wharton School of Business epela revista *Context*, intitulado *Digital Strategies Survey 2001*, apresentado em 5 de Junho, os executivos consultados acreditam que 12% das vendas terá origem na Internet por volta de 2003, cerca do dobro da cifra actual, e 87% dos entrevistados vêm o factor inovação como uma das cinco prioridades para o sucesso.

No mesmo sentido, um inquérito feito às empresas *Fortune 1,000*[9] revela que enquanto 46% das empresas actualmente não transacciona *online*, apenas 7% não o espera fazer já em 2002. Consequentemente esta tendência tem influência no crescimento do comércio electrónico, cujo valor deste mercado está estimado em cerca de $1.6 triliões[10] para 2004, incluindo quer as transacções entre empresas (*business to business* – B2B) como as entre empresas e consumidores finais (*business to consumer* – B2C). Sendo este um importante barómetro aferidor da importância dos aspectos fiscais relacionados com o e-comércio.

No mercado electrónico a panóplia de participantes varia entre empresas já estabelecidas procurando complementar o negócio já existente e diversificar as vendas e as estruturas de marketing tradicionais, e novas empresas inteiramente electrónicas (‘*virtual companies*’) baseadas num *Web site* completamente automatizado, através do qual conduzem a totalidade da actividade.

Na realidade o comércio electrónico desenvolve-se à velocidade de um click num botão, o contacto entre empresas nunca foi tão fácil e a tendência é precisamente para a prossecução de vendas directas, eliminando os canais de distribuição tradicionais em todas as classes de produtos[11]. Como corolário deste fenómeno de desintermediação, a fragmentação ou descentralização da actividade empresarial[12] é a pedra de toque para uma maior mobilidade no comportamento dos particulares, empresas e bens, cada vez menos ligados a uma determinada jurisdição. Desta forma, o progressivo abandono das fronteiras físicas é uma realidade, quer

---

[9] Financial Times, *Understanding E-Procurement*, London, FT Partnership Publications, 2000, p. 9.

[10] *Vide* web site da Forrester <http://www.forrester.com/ER/Research/Brief//Excerpt/0,1317,9229,00.html>.

[11] Cf. CRAIG WILLIAM, *Taxation of Electronic Commerce*, Surrey, Tolley Publishing, 2000, p. 13.

[12] *Ibidem*

numa perspectiva técnica como económica, e ao mesmo tempo um desafio para o poder soberano dos Estados.

Outro importante fenómeno ligado ao advento da Internet consiste no desenvolvimento de novas formas de cooperação[13] e de integração inter-fronteiras. Os processos de produção tendem a operar *online* através do globo, aproveitando as diferenças entre fusos horários, significando não só a possibilidade de localizar a mão-de-obra numa miríade de Estados mas também que os custos de penetração num mercado multilateral diminuem dramaticamente. Consequentemente, a rapidez do processo produtivo aumenta e os custos globais são colocados numa fasquia muito mais baixa permitindo um melhor aproveitamento de recursos e de *know-how*.

Dada esta nova realidade que caracteriza o tecido empresarial global, é sem surpresa que se constatam novos problemas no campo da fiscalidade, bem como o exacerbar de outros mais antigos. Em termos gerais, no ponto de vista das empresas, uma das maiores preocupações reside na qualificação ou caracterização das receitas para efeitos tributários, em particular, quando estão envolvidos produtos digitalizados não é claro quando o pagamento electrónico reveste a qualidade de *royalty*, renda, ou pagamento de um bem ou de um serviço[14].

Outro campo minado consiste em determinar qual o grau de "presença" detonadora de efeitos fiscais ou determinar o local da fonte do rendimento. A falta de consenso quanto a este tópico pode implicar elevados custos fiscais e um envolvimento inesperado com administrações fiscais de vários países, o que se revela especialmente oneroso para as pequenas e médias empresas.

É igualmente importante ter em consideração que o grau de integração pode ser levado a uma tal extensão que determinar qual a contribuição de cada parcela organizacional de uma empresa para o rendi-

---

[13] Cf. KLAUS EICKER, "Tax E-fficient Structures for Electronic Business: The Challenge for Corporate Structures and Business Models", *Intertax*, V. 28, Issue 3, 2000, p. 122.

[14] Ver a este propósito, JOSEPH ANDRUS e PETER MERRILL, "Treaty Characterisation of E-commerce Payments – Comments on the TAG Draft", *Tax Planning International E-Commerce*, V. 2, N.º 6, 2000, p. 9 e o relatório final do Technical Advisory Group on Treaty Characterisation of Electronic Commerce Payments que foi tornado público a 1 de Fevereiro de 2001: *Tax Treaty Characterisation Issues Arising From E-Commerce* <http://www.oecd.org/daf/fa/e_com/ec_2_TREATY_CHAR_Eng.pdf>, OCDE.

mento global consubstancia uma tarefa hercúlea quer por parte das empresas, como por parte das administrações fiscais que se vêm na contingência de dificilmente chegarem a resultados conclusivos.

Por outro lado, no que refere aos impostos indirectos o problema central consiste em aplicar o princípio da territorialidade na aferição do local de consumo[15], considerando que no estádio actual de avanço tecnológico é praticamente impossível aferir a localização geográfica do consumidor no momento em que se processa o *download* dos produtos ou serviços adquiridos *online*[16].

No entanto, uma das consequências mais nefastas para a actividade económica deriva da incerteza de que enferma ainda a tributação do comércio electrónico[17]. Alcançar soluções neste campo rapidamente não é uma tarefa fácil, mas os participantes clamam por respostas[18] e só estas

---

15 Particularmente importante no que diz respeito ao Imposto sobre o Valor Acrescentado (IVA), uma vez que, na Proposta de Directiva do Conselho que altera a Directiva n.º 77/388/CEE no que se refere ao regime de imposto sobre o valor acrescentado aplicável a determinados serviços prestados por via electrónica (JO C 116, 7 Junho 2000, p. 59), os produtos distribuídos por via electrónica são tratados como prestações de serviços e apenas se tributam os mesmos quando consumidos na Europa.

16 A identificação de cada computador ligado à Internet é efectuada através do endereço IP (um número de 32 bits organizado em quatro grupos até três números cada, com uma parte que identifica a rede à qual o computador está ligado e outra que identifica o computador em si), no entanto, esta identificação difere para cada mensagem que é enviada e tem como propósito identificar para onde o *server* tem que comunicar a página de Internet requisitada. Sendo assim, a identificação concreta de cada computador é impossível e mesmo a introdução da versão 6 de endereços IP com números de 128 bits, que possibilitará incluir em cada endereço IP o número de série do *hardware* de ligação em rede de cada computador, não providencia uma identificação geográfica. Por outro lado, mesmo mecanismos como o EdgeScape (desenvolvido pela Akamai <http://www.akamai.com>) que visa apurar vários dados relativos ao utilizador para efeitos de marketing, incluindo a localização geográfica, não são 100% rigorosos e são manipuláveis.

17 Em boa verdade, nunca um princípio de boa política fiscal esteve em tão grande perigo. Certeza é uma das quatro máximas para uma boa política fiscal introduzidas por ADAM SMITH em 1776 no seu livro *The Wealth of Nations* (ADAM SMITH, *The Wealth of Nations*, org. Edwin Cannan, The Modern Library, 1994, pp. 887 a 890 – citado por ANNETTE NELLE, *Overview to E-Commerce Taxation – Guide to Understanding the Current Discussion and Debates* < http://www.cob.sjsu.edu/facstaff/nellen_a/.pdf>, 2000, p. 16).

18 Como exemplifica PETER O'NEILL, "The Commandment – Arbitrary Net Tax", *Taxation Practitioner*, December, 1999, p. 28, «The communications industry wants

possibilitarão corrigir as distorções que a actual situação impende no comportamento económico. Como refere KLAUS EICKER em relação aos problemas de estruturar um mercado electrónico, a chave está em providenciar aos vários intervenientes uma estrutura legal clara e que ao mesmo tempo siga critérios de eficiência fiscal[19].

III. CONCEITOS ANTIGOS – NOVOS PROBLEMAS

O comércio electrónico, como realidade mais etérea e base de novas estruturas empresariais, constitui um desafio para os princípios fiscais existentes, moldados para um mundo físico com vista a obter o que se revelou ser apenas um ténue balanço entre tributação na fonte e na residência.

Alguns autores defendem que os desafios colocados pelo comércio internacional baseado na Internet são suficientemente resolvidos pelo enquadramento legal existente, remetendo esta nova realidade para um problema antigo revisitado – a *vexata quaestio* das vendas por catálogo, ou seja, comercializar numa jurisdição sem outro tipo de presença[20]. No entanto, mesmo que a tónica seja colocada numa perspectiva de exacerbação, é inquestionável que o crescimento exponencial das transacções processadas *online* revelam que nenhum dos conceitos existentes permanece integralmente aplicável, se se tiver presente que mesmo uma erosão mínima da base tributável representa uma crescente perda potencial de rendimento para as administrações tributárias, e mesmo os autores mencionados reconhecem que os conceitos tradicionais se encontram sob pressão.

Qualquer que seja a opção escolhida, existe consenso ao nível internacional desde os primórdios do trabalho levado a efeito sob os auspícios da OCDE neste âmbito, sobre quais devem ser os princípios que devem enformar a tributação internacional num contexto de comércio electrónico[21]:

---

to know not just whether and when the Revenue will ask for their pound of flesh, but who will have to collect it».

[19] "Structuring an electronic Marketplace: Legal and Tax Issues", *Intertax*, V. 29, Issue 4, 2001, p. 153.

[20] FRANCES HORNER e JEFFREY OWENS, "Tax and the Web: New Technology, Old Problems", *International Bureau of Fiscal Documentation Bulletin*, V. 50, N.º 11/12, 1996, p. 516.

[21] *Vide* relatório da conferência de Ottawa, *Electronic Commerce: Taxation*

- Neutralidade: A tributação deve procurar ser neutral e equitativa no tratamento das várias formas de comércio electrónico, e em relação ao comércio electrónico quando comparado com as formas tradicionais de comércio. As decisões empresariais devem ser tomadas com base em critérios económicos e não exclusivamente em considerações de ordem fiscal. Além do mais, contribuintes em situações similares e levando a efeito transacções equivalentes não devem ser sujeitos a níveis de tributação diferentes.
- Eficiência: Os custos inerentes ao cumprimento das obrigações fiscais, bem como os custos por parte das administrações fiscais devem ser minimizados o quanto possível.
- Certeza e simplicidade: As regras de tributação devem ser claras e de simples compreensão de modo a que os contribuintes possam antecipar as consequências fiscais de uma determinada transacção, incluindo quando, onde e como o imposto deve ser contabilizado.
- Eficácia e justiça: A tributação deve produzir a quantia justa de imposto no momento certo. O potencial para evasão fiscal e elisão fiscal deve ser minimizado, enquanto as contra-medidas devem ser mantidas proporcionais aos riscos envolvidos.
- Flexibilidade: Os sistemas de tributação devem ser flexíveis e dinâmicos de modo a poderem acompanhar os futuros desenvolvimentos comerciais e tecnológicos.

Esta visão foi partilhada por diversos países e organizações intergovernamentais que expressaram as suas opiniões relativas aos problemas criados pelo comércio electrónico em diversos relatórios de política interna. Nomeadamente, o Reino Unido[22], os Estados Unidos da América[23], o Canadá[24], o Japão[25], a Austrália[26] e a União Europeia[27], são da opinião

Framework Conditions <http://www.oecd.org/daf/fa/e_com/framewke.pdf>, Paris, OCDE, 1998a, p. 7.

[22] Inland Revenue e HM Customs & Excise, *op. cit.*.

[23] *Vide* o relatório presidencial, The White House, *A Framework For Global Electronic Commerce* <http://www.ecommerce.gov/framewrk.html>, 1997, em desenvolvimento do relatório do Departamento do Tesouro datado de 1996, *Selected Tax Policy Implications of Global Electronic Commerce* <http://jya.com/taxpolicy.html>.

[24] Minister's Advisory Committee on Electronic Commerce, *Electronic Commerce and Canada's Tax Administration – A Report to the Minister of National Revenue from the Minister's Advisory Committee on Electronic Commerce* <http://www.ccra-adrc.gc.ca/tax/business/ecomm/ecom0-e.html>, 1998.

que a aproximação correcta a esta problemática passa pela adopção de um enquadramento legal simples, previsível e sem qualquer restrição ou discriminação específica em relação ao e-comércio[28], tendo em vista um tratamento político coerente da matéria e com uma forte incidência na coordenação internacional.

Em boa verdade todos estes princípios estão relacionados, como tal, pode argumentar-se que na ordem fiscal internacional se deve privilegiar a substância sobre a forma, assegurando que as decisões económicas não prosseguem exclusivamente propósitos de planeamento fiscal, uma vez que só esta perspectiva garante uma economia verdadeiramente liberal. A problemática relacionada com o comércio electrónico, mais do que o interrogar de princípios é uma questão de conceitos. O cerne está em equacionar até que ponto se deve abandonar os conceitos tradicionais, ou se existe margem para adaptação a esta nova realidade. Sublinha-se no entanto, que na nossa visão, adaptar o sistema não é sinónimo de adaptar todas as definições existentes, mas antes atingir um compromisso entre inovação e os princípios que devem pautar a tributação internacional. As seguintes palavras visam ilustrar estes problemas no que refere aos critérios de conexão tributária e à atribuição de lucros.

1. Estabelecimento estável e comércio electrónico

1.1. *Definição*

O conceito de estabelecimento estável (ou EE) é um elemento central na determinação do direito a tributar num contexto internacional. Deste modo, de forma a aferir a sua adequação para responder aos desafios colocados pelo comércio electrónico e para apurar a responsabilidade tributária sob as novas condições económicas, é importante analisar os elementos chave de tal definição.

---

[25] Japanese Ministry of International Trade and Industry, *Towards the Age of Digital Economy* <http://www.wcoomd.org/ecjapan.html>, 1997.

[26] Australian Taxation Office, *Tax and the Internet* <http://www.ato.gov.au/ecp /index.html>, 1997.

[27] Comissão Europeia, *A European Initiative in Electronic Commerce*, (COM(97)157).

[28] Mas não uma isenção total de impostos.

O Artigo 5.º do Modelo de Convenção Fiscal Sobre o Rendimento e o Património (Convenção Modelo da OCDE[29]) determina os requisitos necessários para considerar como estabelecimento estável[30] um conjunto de recursos ligados a um determinado país, estabelecendo os critérios de atribuição de lucros ao Estado da fonte do rendimento e consubstanciando portanto, o princípio de que um Estado contratante, outro que não o Estado da residência, apenas tem direito a tributar os lucros de uma empresa não residente se esta exercer as suas actividades por intermédio de um estabelecimento estável situado no primeiro Estado (Artigo 7.º da Convenção Modelo da OCDE)[31].

No Artigo 5.º, números 1 e 5 da Convenção Modelo da OCDE são introduzidos dois testes aferidores da existência de um EE, o teste da presença física e o teste da agência[32]. Assim, por um lado, de acordo com o Artigo 5.º, número 1, «a expressão "estabelecimento estável" significa uma instalação fixa através da qual a empresa exerça toda ou parte da sua actividade». Por outro lado, de acordo com o critério da agência, na ausência de uma instalação material, uma empresa pode ainda ser considerada como tendo um estabelecimento estável no caso deter uma pessoa num dado Estado que aja por sua conta e que exerça habitualmente poderes para concluir contratos em nome da empresa.

A existência de um estabelecimento estável corpóreo pode ser aferida cumulativamente através[33], (i) de uma "instalação"[34], ou seja, um

---

[29] Referimo-nos à versão oficial em Inglês datada de Abril de 2000. No que refere ao texto não alterado até 1994 baseamo-nos na tradução do Centro de Estudos Fiscais publicada em 1995 nos *Cadernos de Ciência e Técnica Fiscal* N.º 172.

[30] A terminologia estabelecimento estável, mas não a sua aplicação concreta, obteve um amplo consenso ao nível internacional, patente na inclusão deste conceito no Artigo 5.º das Convenções Modelo da OCDE, Nações Unidas e dos Estados Unidos da América, bem como em várias legislações nacionais, constituindo nestas ultimas um valioso instrumento de tributação na situação de ausência de uma Convenção sobre Dupla Tributação (CDT) com o país da sociedade não residente.

[31] Nas palavras de PHILIP BAKER, *Double taxation Conventions and International Tax Law*, 2ª ed., London, Sweet & Maxwell, 1994, p. 140: «The concept marks the dividing line for businesses between merely trading with a country and trading *in* that country».

[32] O parágrafo 35 dos Comentários ao Artigo 5.º reconhece expressamente estes dois testes alternativos.

[33] *Vide* parágrafos 2, 4, 5, 6 e 7 do Comentário ao Artigo 5.º da Convenção Modelo da OCDE.

[34] "Place of business".

local ou bens ao dispor de uma empresa para a prossecução da sua actividade; (ii) com um certo grau de permanência, i.e., deve ser "fixa" e portanto ligada a um ponto geográfico específico; e (iii) através da qual seja prosseguida total ou parcialmente a actividade da empresa[35].

O primeiro critério consubstancia um teste de presença objectiva, enfatizando o estabelecimento da empresa em detrimento da fonte do rendimento[36], sublinhando assim a funcionalidade do EE. É a conjugação entre os bens empregues e o carácter significativo da actividade desenvolvida através dos mesmos que substancializa a "instalação", nas palavras de ARVID SKAAR [37]: «the concept "place of business" in terms of the PE clause can be defined as any substantial, physical object which is commercially suitable to serve as the basis of a business activity». Além do mais, a actividade empresarial deve ter um nexo geográfico, um *situs* num segundo Estado, que não o da residência, presença geográfica esta que se deve manifestar através de uma certa visibilidade e que deve ser tendencialmente permanente.

É importante notar quanto ao terceiro critério, que num contexto de uma actividade comercial tradicional se exige o envolvimento de pessoal (trabalhadores ou agentes dependentes) na jurisdição onde a empresa desenvolve a sua actividade através da instalação fixa como critério cumulativo para a existência de um estabelecimento estável. De acordo o parágrafo 2 do Comentário ao Artigo 5.º da Convenção Modelo da OCDE, «o exercício das actividades da empresa [...] significa normalmente, que *as pessoas* que, de um modo ou de outro, dependem da empresa (o pessoal) *exercem as actividades da empresa* no Estado onde está situada a instalação fixa» [sublinhado nosso].

Por outro lado, a subjectividade do conceito de estabelecimento estável pode ser ainda ser aferida através do "*right of use test*" e do "*per-*

---

[35] «O conceito de estabelecimento estável hoje em vigor pode pois decompor-se num elemento *estático* e num elemento *dinâmico*: o elemento estático exprime a "organização" através da qual é exercida uma certa actividade; o elemento dinâmico exprime a actividade em si mesma considerada. Ambos os elementos são de verificação cumulativa» (ALBERTO XAVIER, *Direito Tributário Internacional*, Coimbra, Livraria Almedina, 1993, p. 265).

[36] Cf. ARVID SKAAR, *Permanent Establishment: Erosion of a Tax Treaty Principle*, Deventer, Kluwer Law and Taxation Publishers, 1991, p. 111.

[37] ARVID SKAAR, *op.cit.*, 1991, p. 123.

manence test"[38] – o direito de usar a instalação durante um dado período de tempo tendencialmente longo, na medida em que ambos os critérios revelam a relação do contribuinte com a instalação base da actividade empresarial[39]. Para este efeito, os bens utilizados na prossecução da actividade devem estar ao dispor da empresa[40] quer através de um vínculo de propriedade como de arrendamento ou leasing, e esta instalação não deve ter uma natureza meramente temporária[41], deve ser portanto indiciadora de uma actividade regular ligada a um dado Estado.

Os testes anteriormente referidos revelam a origem física do conceito de estabelecimento estável e a intenção para além das palavras. Inquestionavelmente o escopo do Artigo 5.° da Convenção Modelo da OCDE consiste em providenciar critérios determinantes de laços económicos significativos[42] e, consequentemente, justificar a atribuição de poder tributário ao Estado da fonte.

De entre as teorias que se digladiavam na cena doutrinária de meados do século XX, a Convenção Modelo da OCDE adoptou a *teoria do vínculo económico*[43] (*economic allegiance theory*), por oposição à *teoria da oportunidade* (*realistic theory*). Em termos gerais[44], a teoria da oportunidade defende a equivalência entre a possibilidade de inferir um imposto (baseada por exemplo na presença física num determinado Estado) e o direito ou jurisdição para tributar. Alguma doutrina mitigou esta posição requerendo adicionalmente uma conexão razoável com um dado país para permitir a tributação, no entanto, esta teoria apresenta-se arbitrária em todas as suas facetas e aumenta a probabilidade de conflitos entre Estados quando adoptada no seio de Convenções para evitar a dupla tributação.

---

38 Na terminologia de ARVID SKAAR, *op. cit.*, 1991, p. 155 e ss..

39 Cf. ARVID SKAAR, *op. cit.*, 1991, p. 209.

40 De modo a que em tempo algum o acesso da empresa à instalação possa ser impedido.

41 Parágrafo 6 do Comentário ao Artigo 5.° da Convenção Modelo da OCDE.

42 Neste sentido, KLAUS VOGEL, *Double Taxation Conventions* (trad.), 3ª ed., London, Kluwer Law International, 1997, p. 280 e ARVID SKAAR, *op. cit.*, 1991, p. 22.

43 Embora «com algumas limitações em nome da teoria da realização» (ALBERTO XAVIER, *op. cit.*, p. 283). Enquanto a teoria da realização requer o carácter imediatamente produtivo da actividade da empresa, na Convenção Modelo da OCDE o requisito da produtividade é remetido para um fim último.

44 Segue-se de perto ARVID SKAAR, *op. cit.*, 1991, pp. 19 e ss..

Por outro lado, a teoria do vínculo económico postula a existência de uma *conexão genuína* entre uma empresa e um dado Estado que justifique o encargo fiscal[45]. Este nexo de razoabilidade implica que um estabelecimento estável só será tributado numa determinada jurisdição se se encontrar inserido na economia desse país[46] e se o rendimento produzido através dessa presença for o resultado de uma actividade produtiva que vai pelo menos além do mero investimento de capital.

A definição de estabelecimento estável, tal como foi referido, constitui um conceito estratégico na delimitação dos poderes tributários do Estado fonte por oposição ao Estado da residência; tal propósito deve ser sempre tido em consideração na discussão de novos cenários de aplicação. Ao longo dos tempos, o Modelo de Convenção da OCDE enfrentou vários desafios que requereram adaptação, um bom exemplo, com alguma similaridade com o advento da era da Internet, consiste na possibilidade de prosseguir a actividade comercial de uma empresa através de equipamento automático, *v.g.* máquinas de venda automática.

No exemplo referido, de acordo com o parágrafo 10 do Comentário ao Artigo 5.º da Convenção Modelo da OCDE, existirá um estabelecimento estável «consoante a empresa exerça ou não uma actividade comercial» no Estado da situação do equipamento automático. No caso da actividade se cingir à mera montagem inicial das máquinas, um EE pode ainda existir «se a empresa que monta as máquinas também as explorar e efectuar a respectiva manutenção por conta própria». Outro importante factor, reside no facto de o requisito da existência de pessoal não ser posto de parte, sendo considerado aceitável que as tarefas do mesmo se resumam «à montagem, funcionamento, controle e manutenção desse equipamento». Deste modo, mesmo em situações com um grau mínimo de presença física, a função económica da instalação e a existência de pessoal (embora com a possibilidade de um papel mais restrito) permanecem elementos chave do conceito.

---

[45] Tal como refere o parágrafo 3 do Comentário ao Artigo 7.º da Convenção Modelo da OCDE, «uma empresa de um Estado só pode verdadeiramente ser considerada como *participando na vida económica* de um outro Estado de modo a ficar sujeita à sua jurisdição fiscal se aí criar um estabelecimento estável» [sublinhado nosso].

[46] Como sublinham Frances Horner e Jeffrey Owens, *op. cit.*, p. 517: «For years tax administrations have thought this to be a reasonable fair trade-off: no jurisdiction to tax by a country means no right to the business advantages of presence there for the company».

Numa primeira abordagem, é patente a dificuldade em aplicar ao e-comércio um conceito desenhado para uma actividade económica ligada a um mundo físico. No âmbito do comércio electrónico a noção de estabelecimento estável pode ser equacionada em relação a uma *Web page*, a um *server*, ou a um *Internet Service Provider*. Sendo assim, os pontos seguintes analisam a situação antes e depois das recentes alterações ao Comentário ao Artigo 5.° da Convenção Modelo da OCDE[47], com o intuito de discutir em que medida as alterações foram no sentido mais adequado e se as mesmas eram de facto necessárias. Será ainda focada a correspondente aplicabilidade prática tendo em conta os possíveis jogadores neste novo *cyber* cenário, exemplificando com as implicações ao nível das Convenções bilaterais para evitar a dupla tributação e apresentando algumas medidas legislativas unilaterais.

1.2. *Página Web e Server: qualificação*

Um *Web site* e um *server* são ferramentas fundamentais para a prossecução de uma actividade comercial electrónica. Por um lado, o contacto *online* com os consumidores ou presença virtual reveste a forma de *Web site* – uma cadeia de informações codificada em HTML (*hypertext mark-up language*) para poder ser lida por um *Web browser*, usualmente constituído por várias páginas *Web* ligadas coerentemente, com um ficheiro ou página inicial (*home page*) que num contexto comercial geralmente representa o primeiro contacto com o consumidor, e que através da interacção das diversas páginas pode mesmo desempenhar todas as etapas de uma transacção, desde a proposta – aceitação, processamento do pagamento, até à entrega do produto ou serviço.

Por outro lado, é importante reter que um *Web site* não existe sem um *server*. De facto, um *Web site* por si só tem apenas presença no espaço vir-

[47] A 22 de Dezembro de 2000 o Comité dos Assuntos Fiscais, baseado no trabalho desenvolvido pelo Technical Advisory Group on Monitoring the Application of Existing Treaty Norms for the Taxation of Business Profits in the Context of Electronic Commerce (TAG), publicou as alterações ao Comentário ao Artigo 5.°, com vista a clarificar a aplicação do conceito de estabelecimento estável ao e-comércio. O documento pode ser consultado na íntegra no site da OCDE <http://www.oecd.org/daf/fa/e_com/ec_1_PE_Eng.pdf> ou no novo livro publicado pela OCDE sobre este assunto, *Taxation and Electronic Commerce – Implementing the Ottawa Taxation Framework Conditions*, Paris, OCDE, 2001a, pp. 79 e ss..

tual, como um conjunto estático de ficheiros e informação que para serem acessíveis *online* necessitam de ser alojados num *server*, um computador que através de determinados programas de software desempenha precisamente a função de armazenar uma ou várias *Web pages*, mantendo-as acessíveis aos utilizadores de Internet.

Equacionando apenas a letra do Artigo 5.º da Convenção Modelo da OCDE, é possível identificar um *server* como um objecto físico com uma localização geográfica e portanto uma "instalação" passível de ser considerada adequada para funcionar como base de uma actividade empresarial[48]. No entanto, várias dificuldades carecem de resolução aquando da ponderação desta hipótese, nomeadamente em que grau e com que permanência um mero equipamento informático poderá passar desde logo o teste da presença física. Tendo em conta estes obstáculos ARVID SKAAR[49] postula a distinção entre *«a substantial machinery or equipment»*, segundo o autor equiparável ao "*place of business*" e um *«portable equipment»* que não seria relevante para a qualificação de uma realidade como estabelecimento estável. Como se pode constatar as fronteiras são ténues e dificilmente se poderá considerar como base adequada de uma actividade comercial um simples instrumento técnico que necessita de software para poder operar.

No âmbito do teste da localização, o requerido nexo geográfico com um certo grau de permanência[50] pode ser facilmente conseguido. Quanto a uma presença subjectiva, uma vez mais a necessidade ou não de pessoal na jurisdição fonte é questionada. Para ARVID SKAAR[51] um estabelecimento estável pode existir mesmo sem a presença de seres humanos e a subjectividade do conceito pode ser atingida pelo "*right of use test*" na medida em que o *server* esteja ao dispor da empresa. Com uma perspectiva contrária, autores como ROSEMARIE PORTNER[52], GARY SPRAGUE e MATTHIAS GEURTS[53], defendem que o grau de actividade que o conceito de

---

48 Neste sentido, ARVID SKAAR, "Erosion of the Concept of Permanent Establishment: Electronic Commerce", *Intertax*, V. 28, Issue 5, 2000, p. 189.

49 *Ibidem*.

50 Para a maioria dos países seis meses são considerados suficientes.

51 *Op. cit.*, 2000, p. 190.

52 "Comments on the OECD Working Party No. 1's Proposal Concerning Application of the Existing 'Permanent Establishment' Definition With Respect to ISPs", *Tax Planning International E-Commerce*, V. 2, N.º 1, 2000, p. 16.

53 "Letter to OECD re Electronic Commerce", *Intertax*, V. 27, Issue 2, 1999, p. 42.

estabelecimento estável requer apenas pode ser alcançado através da presença de pessoal da empresa a operar um dado *server*.

Por outro lado, a funcionalidade do estabelecimento estável na estrutura da empresa deve ir mais além do que uma simples actividade auxiliar ou preparatória. No entanto esta questão só se coloca relativamente a um "*server* inteligente"[54], pois o desempenho do mesmo pode eventualmente ser equiparado ao cerne da actividade de uma dada empresa, embora seja importante notar que mesmo nesta circunstância um *server* não exerce qualquer tipo de ligação com o mercado em que a página *Web* actua[55]. Para além do mais, a verdadeira actividade da empresa ocorre num estádio prévio, quando toda a estratégia de marketing, a produção, as decisões de gestão e a programação do software foi efectuada.

No que diz respeito a um *Web site*, como propriedade incorpórea e portanto insusceptível de presença física, a existência de um estabelecimento estável nunca será perceptível através de um teste de presença objectiva[56]. Pode ser argumentado que o computador do utilizador (para onde cada *Web page* é temporariamente copiada de cada vez que é acedida) seria uma instalação para efeitos do número 1 do Artigo 5.° da Convenção Modelo da OCDE[57]. No entanto, os demais critérios de subjectividade não estão reunidos, desde logo, o computador do utilizador não está ao dispor do dono do *Web site*. Outra hipótese seria considerar o *Web site* um agente do e-distribuidor que exerce a actividade através do mesmo, mas embora seja possível que o *Web site* seja praticamente autónomo e capaz de desempenhar a maior parte das tarefas relacionadas com uma transacção, o número 5 do Artigo 5.° da Convenção Modelo da OCDE requer que o agente seja uma "pessoa", *ipso facto*, quaisquer formas de inteligência artificial estão excluídas do seu escopo.

---

[54] Tal designação aplica-se comummente a um *server* que pode desempenhar todas as etapas de uma transacção comercial. No entanto, esquece-se com esta definição que é o Web site que está programado para completar transacções *online* e não o server que o aloja.

[55] Não há uma relação necessária entre a presença física do *server* e a existência de alguns consumidores nesse território.

[56] Ou "place of business test".

[57] Possibilidade apresentada por NIV TADMORE, "Clicks vs. Bricks: The Interaction Between the OECD PE Concept and Web Sites", *Tax Notes International*, April 9, 2001, p. 1821 <http://ereports.tax.org/taxbase/ta5.nsf/WP/ecomFrame?OpenDocument&Login>.

Determinar se um *server* ou um *Web site* constituem um estabelecimento estável não é uma questão pacífica, mas facilmente se reconhece que são inúmeras as pressuposições que se têm que assumir para alcançar ainda que uma leve conexão com o cerne do conceito. No fundo, trata-se de moldar a realidade para encontrar algum índice de similaridade.

É importante referir ainda que quanto a este tópico, vários países assumiram posições através de relatórios nacionais que posteriormente constituíram suporte para discussão a nível da OCDE no seio dos Grupos Técnicos de Aconselhamento (Technical Advisory Groups – TAGs). Nomeadamente, o Ministro das Finanças Holandês[58] manifestou a opinião que, de acordo com as regras legais actualmente existentes, um *server* pode constituir um estabelecimento estável na Holanda se desempenhar funções que vão além do meramente preparatório ou auxiliar. Na mesma linha, a Austrália[59] e o Canadá[60] consideram estabelecimento estável um *server* com capacidade para completar um ciclo comercial completo[61].

1.3. *ISP(S) e Agência*

Na era da Internet, é de grande relevância o papel desempenhado pelos *Internet Service Providers*[62], cuja funcionalidade e actividade pode igualmente ser analisada à luz do conceito de estabelecimento estável devido à hipótese da sua eventual classificação como representantes dependentes.

---

58 *Taxes in a World Without Distance* <http://www.minfin.nl/uk/taxation /InternetNota/distmain.html>, 1998.

59 Australian Taxation Office, *op. cit.*.

60 Minister's Advisory Committee on Electronic Commerce, *op. cit.*.

61 Sobre a questão se tais posições são uma opção de política fiscal ou uma estrita interpretação das regras existentes ver *infra* III.1.7.

62 Um ISP providencia a indivíduos e empresas acesso à Internet e a outros serviços relacionados, como por exemplo construção de *Web sites*, distribuição de software e alojamento de *Web pages* (*virtual hosting*). O ISP tem o equipamento e o acesso à rede de telecomunicações requeridos para servir uma determinada área geográfica com um ponto de acesso à Internet (*point-of-presence* ou POP). A grande maioria dos ISP(s) são proprietários de linhas de grande velocidade de forma a serem menos dependentes das restantes empresas de telecomunicações e assim providenciarem um serviço mais eficiente aos seus clientes. *Vide* <http://www.whatis.com>.

A presença de um ISP numa determinada jurisdição pode constituir conexão suficiente para responsabilidade fiscal se, ao abrigo do Artigo 5.º, número 5 da Convenção Modelo da OCDE, a actividade do referido ISP for imputável à empresa não residente. De acordo com a Convenção Modelo, para que uma empresa seja considerada como tendo um estabelecimento estável num Estado através de um ISP é necessário que este aja habitualmente por conta da empresa como agente dependente[63], quer de um ponto de vista jurídico como económico, no âmbito das operações que constituem a actividade própria da mesma[64]. Adicionalmente, o teste da localização no que refere ao agente estabelecimento estável é substituído pelo requisito da forte ligação com o Estado da fonte[65], sendo este o Estado onde geralmente o agente desempenha as suas funções para a empresa, o Estado onde o agente reside habitualmente[66], ou mesmo onde um *server* do ISP está localizado por um determinado período de tempo caso fosse possível cumprir os demais critérios para ser considerado um agente.

No entanto, em termos gerais, um ISP não tem conhecimento do conteúdo dos *Web sites* que aloja no(s) seu(s) *server(s)* e não tem qualquer tipo de autoridade para representar o e-distribuidor não residente perante os clientes do mesmo. Como conclui VOLKER KÄBISCH[67], «one cannot reasonably suggest that a third party ISP is dependent on the vendor unless

[63] Vai além do âmbito deste estudo a análise da discrepância entre o conceito de agente nos sistemas jurídicos de Direito Civil e o escopo mais restrito do mesmo nos sistemas jurídicos de inspiração anglo-saxónica. No Direito anglo-saxónico não se faz a distinção entre agente dependente e independente, o que nos sistemas jurídicos de Direito Civil se qualifica como agente independente é excluído do conceito de agente e considerado um intermediário. No que é relevante para o propósito deste estudo, o factor chave reside no facto do agente possuir autoridade para concluir contratos que vinculem o mandante – sejam ou não em nome do mandante (parágrafo 32 do Comentário ao Artigo 5.º da Convenção Modelo da OCDE, com a redacção dada em 1994 precisamente para definir as características comuns que permitem qualificar um agente para efeitos da Convenção Modelo, independentemente da terminologia utilizada nos diversos sistemas jurídicos). Para uma discussão aprofundada sobre esta problemática *vide* GIUSEPPE PERSICO, "Agency Permanent Establishment under Article 5 of the OECD Model Convention", *Intertax*, V. 28, Issue 2, 2000, pp. 66 e ss..

[64] Parágrafo 33 do Comentário ao Artigo 5.º da Convenção Modelo.

[65] Ver SKAAR, *op. cit.*, 2000, p. 193.

[66] Não necessariamente que seja considerado residente para efeitos fiscais.

[67] "Certain Tax Aspects of Electronic Commerce", *(Relatório apresentado num curso introdutório – ECLIP Summer School)*, Setembro de 2000, p. 18.

is a very small one acting mainly for a multinational enterprise of which it might be dependent economically». Em boa verdade, na grande maioria das situações um ISP desempenha as funções de agente independente, agindo por conta própria no decurso regular do seu próprio negócio (Artigo 5.º, número 6 da Convenção Modelo da OCDE)[68].

1.4. *À luz das alterações ao comentário ao Artigo 5.º*

O trabalho desenvolvido ao longo de mais de dois anos pela OCDE na área da tributação do comércio electrónico culminou, a 22 de Dezembro de 2000, na aprovação no seio do Grupo de Trabalho N.º 1 do Comité dos Assuntos Fiscais (dedicado às Convenções sobre dupla tributação e questões conexas) das alterações ao Comentário ao Artigo 5.º da Convenção Modelo da OCDE que interpretam o conceito de estabelecimento estável no âmbito desta nova realidade. Quanto à questão mais ampla sobre a eventual necessidade de alteração do próprio conceito, ou se este deve ser abandonado, o Grupo de Trabalho N.º 1 não se pronunciou e aguarda-se o trabalho futuro do Technical Advisory Group on Monitoring the Application of Existing Treaty Norms for the Taxation of Business Profits in the Context of Electronic Commerce. Deste modo, o objectivo do Grupo de Trabalho N.º 1 foi dar uma resposta pragmática face à urgência da situação, no fundo, encontrar e aproveitar ao limite quaisquer áreas de flexibilidade na interpretação da definição de estabelecimento estável por forma a abranger a dimensão do comércio electrónico.

Relativamente ao problema se um *Web site* por si só pode constituir ou não um estabelecimento estável da empresa que desenvolve uma actividade comercial através do mesmo, o Comité concluiu que as características tipicamente incorpóreas de um *Web site* não lhe permitem conferir um nexo de localização ao mesmo e portanto não poderá ser considerado uma

---

[68] Nesta linha, LUC HINNEKENS, "The Uneasy Application of the Current Concepts of Permanent Establishment and Corporate Residence to Cross-border Electronic Commerce", *Tax Planning International E-Commerce*, V. 1, N.º 6, 1999a, p. 7; ARVID SKAAR, *op. cit.*, p. 193; ANGELIQUE TSANG e NICK BELDER, "E-Commerce and the Permanent Establishment", *Tax Planning International E-Commerce*, V. 1, N.º 2, 1999, p. 30; INE LEJEUNE, *et al.*, "Does Cyber-Commerce Necessitate a Revision of International Tax Concepts" (Parte II), *European Taxation*, V.38, N.º 2, 1998, p. 52; e o Departamento do Tesouro dos Estados Unidos da América, *op. cit.*.

instalação ou "*place of business*"[69]. Por outro lado, tendo presente a distinção entre *Web site* e *server*, quanto a este último já é possível encontrar características físicas e como tal, a OCDE considera que poderá constituir uma instalação ou um local de exercício da actividade da empresa que opera o *server* e providencia espaço no mesmo para as *Web pages* dos seus clientes[70].

Por outro lado, um contrato de *Web-hosting* não é considerado uma conexão suficiente para criar um estabelecimento estável para a empresa que prossegue a sua actividade através do *Web site*, mesmo que o contrato em questão especifique que o *Web site* será alojado num *server* do ISP específico, numa determinada localização geográfica. Isto porque um contrato de *Web-hosting* não confere ao dono de um *Web site* quaisquer poderes de disposição sobre os bens que alojam o mesmo.

No entanto, caso o e-distribuidor instale um *server* por sua conta e possua o direito de dispor do mesmo[71], o *server* pode constituir um estabelecimento estável, caso os demais requisitos do Artigo 5.°, número 1 estejam preenchidos[72]. Estes por sua vez exigem que o equipamento informático físico esteja ligado com um certo grau de permanência a uma dada localização geográfica por um período de tempo suficiente[73] e que o negócio da empresa seja total ou parcialmente desenvolvido na localização do equipamento[74], avaliando caso por caso e tendo em consideração a natureza da actividade de cada empresa.

---

[69] *Vide* parágrafo 42.2 dos Comentários ao Artigo 5.° da Convenção Modelo da OCDE (versão de Dezembro de 2000: *Clarification on the Application of the Permanent Establishment Definition in E-Commerce: Changes to the Commentary on the Model Tax Convention on Article 5* <http://www.oecd.org/daf/fa/e_com/ec_1_PE_Eng.pdf>, Paris, OCDE, 2000b).

[70] *Ibidem*.

[71] «Only very large e-tailers, e-tailers who provide specific services with a very large volume of traffic or requiring a very stable availability, or e-tailers requiring specific high-security measures (such as financial institutions) or providing Web services themselves (such as Web-hosting services) really need their own Web servers» (MACHIEL LAMBOOIJ *et al.*, "Recent OECD Initiatives With E-Commerce Taxation", *Tax Notes International*, April 23, 2001, p. 2092).

[72] Parágrafo 42.3 do Comentário ao Artigo 5.° da Convenção Modelo da OCDE.

[73] Parágrafo 42.4 e parágrafo 6 do Comentário ao Artigo 5.° da Convenção Modelo da OCDE.

[74] É importante que a actividade desempenhada seja o cerne da actividade da empresa. De acordo com o parágrafo 42.9 do Comentário ao Artigo 5.° da Convenção

Por seu turno, caso as funções se restrinjam a meramente preparatórias e auxiliares, o equipamento informático estará excluído do âmbito do conceito de estabelecimento estável. Tal ocorre na situação de um *server* que é apenas utilizado como elo de comunicação entre fornecedor e clientes, para publicidade de bens ou serviços, para reunir informação para a empresa, para transmitir apenas conteúdo informativo, ou como *mirror server*, caso estas actividades não constituam uma parte essencial da economia da empresa como um todo[75].

Analisando a necessidade de presença humana em relação à definição de estabelecimento estável, o Grupo de Trabalho N.º 1 concluiu que a existência de pessoal não é essencial. Assim, uma instalação composta exclusivamente por equipamento automatizado numa determinada localização geográfica pode dar lugar a um estabelecimento estável[76]. Mesmo em relação a um ambiente comercial tradicional, onde é mais frequente que a actividade comercial seja desenvolvida através de pessoal, o Grupo de Trabalho afirmou peremptoriamente que tal não constitui um requisito para a existência de um estabelecimento estável e que não foi a intenção da letra do parágrafo 2 do Comentário ao Artigo 5.º consagrar tal posição[77].

Por fim, no que refere à possibilidade de um ISP poder ser considerado um agente dependente da empresa que conduz a sua actividade

---

Modelo da OCDE, tal será o caso de um "*smart server*" ou de um ISP que vende acesso à Internet e opera um *server* para este propósito, geralmente na área dos seus clientes por forma a possibilitar que os serviços sejam cobrados às tarifas de telecomunicações locais.

[75] *Id.* parágrafo 42.8.

[76] *Id.* parágrafo 42.6. Esta posição segue a decisão de 30 de Outubro de 1996 do Tribunal Federal Tributário Alemão (*Bundesfinanzhof*) – Federal Tax Gazette II, II R 12/92, 1997, p. 12, sobre a possibilidade de tributar uma sociedade em imposto sobre a propriedade com base na presença na Alemanha de um oleoduto utilizado para o transporte de petróleo (a actividade principal do contribuinte) entre a Holanda e a Alemanha. O Tribunal decidiu que, não obstante o *pipeline* ser controlado por meios informáticos instalados em estações de bombagem completamente automatizadas, sem sequer qualquer tipo de pessoal permanente para manutenção (as reparações eram efectuadas por empresas contratadas para o efeito), o mesmo constituía um estabelecimento estável para efeitos do Tratado celebrado a 16 de Junho de 1959 entre a Holanda e a Alemanha. A este propósito, Friedrich Hey, "German Court Rules Remote-Controlled Pipeline Constitutes a PE", *Tax Notes International*, February 24, 1997, pp. 651 e ss.; Marc Lamp, "Broadening the Definition of a Permanent Establishment: The Pipeline Decision", *European Taxation*, V. 38, N.º 2, 1998, pp. 67 e ss.; e Cornelia Kraft, "New Insights in the Definition of Permanent Establishment", *European Taxation*, V. 35, N.º 8, 1995, pp. 260 e ss..

[77] OECD, *op. cit.*, 2000b, p. 2.

através de *Web sites* instalados em *servers* daquele, o Grupo de Trabalho N.º 1 reconheceu que só em raras ocasiões[78] o Artigo 5.º, número 5 da Convenção Modelo da OCDE seria aplicável, pois na mais comum das situações o ISP não terá autoridade para concluir contratos em nome do e-distribuidor e muito menos o fará com regularidade, ou quanto muito seria um agente independente actuando no decurso regular do seu próprio negócio. Do mesmo modo, a OCDE adoptou a perspectiva que um *Web site* não pode ser considerado "pessoa", na definição do Artigo 3.º, número 1, a) da Convenção Modelo da OCDE, precludindo desde logo um requisito base do conceito de estabelecimento estável agência[79].

1.5. *Algumas visões restritivas*

No seio da OCDE nem todos os países partilham a mesma opinião relativamente à interpretação do Artigo 5.º da Convenção Modelo no contexto das novas tecnologias. O Reino Unido por exemplo, nos considerandos às alterações ao Comentário a este Artigo, expressou a posição que «in no circumstances do servers, of themselves or together with web sites, constitute permanent establishments of e-tailers»[80], baseado no factor de

[78] Sem referir quais seriam estas circunstâncias, mantendo portanto o clima de incerteza. A propósito, Richard Baron, "Permanent Establishment", *Tax Planning International E-Commerce*, V. 3, N.º 3, 2001, p. 6, equaciona algumas possibilidades: «could be meant to catch cases where Internet service provider also offers e-commerce services including order acceptance and payment processing, under a general authority from the owners of websites to contract with their customers». Parece que uma panóplia de possibilidades é deixada em aberto.

[79] Parágrafo 42.10 do Comentário ao Artigo 5.º da Convenção Modelo da OCDE.

[80] OECD, *op. cit.*, 2000b, p. 3. Esta linha segue a política interna para a era das tecnologias da informação, que visa transformar o país no melhor local para comercializar electronicamente até 2002 (Inland Revenue April 2000 press release 84/2000). Neste comunicado à imprensa, o Director of the Inland Revenue's International Division, GABS MAKHLOUF, reconheceu expressamente a posição interna referente à problemática de considerar ou não *servers* e *Web sites* estabelecimentos estáveis, como resposta às propostas previamente apresentadas pela OCDE nesta matéria: «In the UK, we take the view that a web site of itself is not a permanent establishment. And we take the view that a server is insufficient of itself to constitute a permanent establishment of a business that is conducting e e-commerce through a web site on the server. We take that view regardless of whether the server is owned, rented or otherwise at the disposal of the business». Esta posição ao nível do Direito Fiscal Internacional vai de acordo com a ordem interna que apenas tributa uma sociedade não residente em imposto sobre as sociedades se esta exercer a sua actividade comercial no território do Reino Unido (*carry on a trade within*

incerteza que daí adviria para a regular prossecução da actividade comercial. A demarcação da tendência geral é clara, no entanto, esta perspectiva é apenas assumida na medida em que o *server* em questão não seja propriedade de um ISP, cuja actividade consiste precisamente, como foi referido, na venda ou aluguer de espaço para *Web pages* no seu server e em providenciar acesso à Internet.

No mesmo sentido, vários grupos de empresários consultados durante a discussão ao nível da OCDE expressaram as suas posições dissidentes. Por exemplo, o Electronic Commerce Tax Study Group[81] sublinhou a necessidade de intervenção humana no local da instalação como condição para um estabelecimento estável e chegou mesmo a recomendar esta opção como medida de estratégia política[82].

1.6. *Para além da presença física: Portugal e Espanha*

No sentido diametralmente oposto, Portugal e Espanha também se demarcaram da maioria dos países membros da OCDE e assumiram que no contexto do comércio electrónico não consideram a presença física como condição da existência de um estabelecimento estável[83]. Deste modo, a simples existência de um *Web site*, ou o facto da actividade comercial de uma dada empresa se encontrar direccionada para o mercado destes países, pode dar azo a um estabelecimento estável.

A opinião comum dos dois países[84] consubstancia as preocupações gerais dos Estados *net importer* que receiam não só a erosão da sua base

---

the United Kingdom) através de um agente ou de uma sucursal (Income and Corporations Tax Act 1988, s.11(1)).

[81] Constituído em 1996 para estudar os assuntos relativos ao Direito Internacional Fiscal no âmbito do comércio electrónico. Este grupo é aconselhado pela Pricewaterhouse-Coopers e como membros fazem parte empresas como America Online, Inc., Cisco Systems, Inc., Electronic Data Systems Corporation, Hewlett-Packard Company, Intel Corporation, International Business Machines Corporation, J.D. Edwards & Company, MasterCard International, Microsoft Corporation, Sun Microsystems, Inc. e Time Warner Inc..

[82] «No PE [shall] be considered to exist within a jurisdiction unless employees or other dependent agents of the enterprise conduct activities in that jurisdiction in a manner that would create a PE» ("Letter to Mr. Jeffrey Owens Commenting the Revised Draft of the Proposed Clarification of the Commentary on Article 5 of the OECD Model Tax Convention" <http://appli1.oecd.org/daf/taxandEl.nsf/by+topic>, 2000, p. 3).

[83] OCDE, *op. cit.*, 2000b, p. 2.

[84] Mas não uma declaração conjunta.

tributária, como também distorções na concorrência entre residentes e não residentes que operam substancialmente no mesmo mercado[85].

Embora a posição Portuguesa não se encontre documentada e fundamentada publicamente até ao momento presente, a posição Espanhola, por seu turno, foi precedida ao nível interno de um relatório exaustivo publicado pela Comissão de Análise do Impacto do Comércio Electrónico no Sistema Fiscal Espanhol[86]. Neste relatório foi defendido que o aspecto relevante para apurar a existência de um estabelecimento estável seria o critério da actividade económica contínua no mercado Espanhol, em detrimento do critério da presença física:

> *Para determinar la existencia de un establecimiento permanente en el ámbito del comercio electrónico, se defenderá la utilización del concepto de actividad económica continuada en un Estado, en lugar del de permanencia o presencia física, con la posibilidad de matizarlo en función de la determinación de un volumen mínimo de operaciones.*[87]

Onde reside exactamente o limiar da responsabilidade tributária não é definido pelo relatório, mas são apresentados algumas linhas orientadoras que permitem aferir quando é que uma actividade comercial é desenvolvida de forma regular, continuada e estável em Espanha. Para além do volume anual mínimo de transacções no mercado Espanhol, são mencionados outros critérios de vinculação como a possibilidade de concluir a transacção *online* (no sentido de fechar o contrato), a utilização de publicidade especificamente dirigida aos consumidores espanhóis, contratação de serviços pós-venda com carácter de permanência em Espanha, aceitação ou afiliação em movimentos institucionais de carácter nacional (entidades patronais, organismos de arbitragem, etc.), a propriedade ou arrendamento de locais de armazenagem em território espanhol e uma

---

[85] Tais apreensões são partilhadas por Vasco Branco Guimarães, fonte universitária que participou na discussão do Artigo 5.° da Convenção Modelo – opiniões manifestadas em mensagens transmitidas por correio electrónico, datadas de 12 e 14 de Junho de 2001, em arquivo com o autor (aqui citadas com permissão, sublinha-se que expressam uma opinião pessoal e não vinculam a Administração Fiscal Portuguesa).

[86] Secretaría de Estado de Hacienda, *Informe de la Comisión para el Estúdio del Impacto del Comercio Electrónico en la Fiscalidad Española* <http://www.minhac.es/Comfisc/documentos/resumene.pdf>, 2000.

[87] Recomendação n.° 109.

ligação estável com instituições financeiras ou serviços postais ou de entrega de encomendas espanhóis[88].

Quanto aos critérios de conexão portugueses, desconhece-se qualquer posição oficial a este respeito. Na verdade, vários são os factores que podem relacionar um *Web site* à jurisdição nacional, será pelo facto de o *domain name* utilizar um dos sufixos atribuíveis em Portugal, como .pt, .net.pt, .gov.pt, .org.pt, .edu.pt, .int.pt, .publ.pt, .com.pt ou .nome.pt, ou o mero facto do *Web site* ter sido acedido em território português e se encontrar copiado nos ficheiros temporários do computador do utilizador. Todas estas questões ainda que exemplificando casos limite, carecem de resposta e certamente são formuladas pelos agentes económicos quando confrontados com o texto da posição portuguesa.

A realidade de facto quanto a esta matéria é clara: um *Web site* possui uma presença meramente etérea, um conjunto de software e bytes alojados num *server* sem existência autónoma. Basear a tributação apenas numa "presença internética" sem quaisquer critérios de conexão claramente definidos cria um clima de imensa incerteza e infelizmente inibe a actividade comercial electrónica. A procura de uma conexão tributária virtual contraria a tendência geral consolidada neste campo, como refere GLÓRIA TEIXEIRA, «the current trend in the Portuguese legal and tax system is to promote a friendly environment to electronic commerce»[89] e em boa verdade, vários passos foram já dados neste sentido, quer de um ponto de vista legal, sendo um exemplo paradigmático a publicação do regime aplicável a documentos electrónicos, assinaturas digitais e facturas electrónicas (Decreto-Lei n.º 290-D/99, de 2 de Agosto), como numa perspectiva infraestrutural, tendo presente a moderna e sofisticada rede de telecomunicações portuguesa. *Ex expositis*, só se pode apelidar a posição adoptada no seio da OCDE de um passo atrás no panorama geral e uma tentativa desesperada de manter ou mesmo aumentar a base tributária.

A posição portuguesa e espanhola para além de pouco clara quanto à sua aplicação prática, carece ainda de força vinculativa do ponto de vista do Direito Internacional Público, uma vez que não constitui reserva ao

[88] Secretaría de Estado de Hacienda, *op. cit.*, p. 43.

[89] "Taxation of Income Derived from Electronic Commerce", *Cahiers de Droit Fiscal International*, V. LXXXVIa, 2001, p. 622.

Artigo 5.º da Convenção Modelo da OCDE[90]. Além do mais, no que refere ao Direito interno português, não tem qualquer apoio na letra da Lei (se só recentemente o conceito interno de EE se adequou à Convenção Modelo, quanto tempo demorará a acompanhar esta nova realidade)[91]. Pode pois ser argumentado com MACHIEL LAMBOOIJ[92] que esta posição é mais uma posição interna baseada em argumentos de política interna do que uma rigorosa interpretação técnica do Artigo 5.º. A vulnerabilidade dos argumentos é igualmente criticada por RICHARD BARON[93], apelidando-os como "*idea without substance*" conflituante com o parágrafo 2 do Comentário ao Artigo 5.º que claramente exige uma instalação numa dada localização geográfica.

Alguma doutrina defende que o conceito de estabelecimento estável deveria ser adaptado por forma a abranger um *Web site* como agente, pois só assim seria garantida a justa parte do rendimento tributário para os países importadores[94], ou mesmo que um novo conceito de "estabelecimento estável virtual" deveria ser adoptado[95]. No mesmo seguimento VASCO BRANCO GUIMARÃES argumenta que «à noção de "presença física ou elemento físico" (requisito da noção de estabelecimento estável) deverá con-

---

[90] A este propósito, é acrescentado por VASCO BRANCO GUIMARÃES que «não existe assim qualquer risco para Portugal, pelo menos por enquanto» (mensagem electrónica de 12 de Junho de 2001).

[91] Artigo 4.º-A do Código do Imposto sobre o Rendimento das Pessoas Colectivas (Aditado pela Lei n.º 30-G/2000, de 29 de Dezembro).

[92] "OECD Makes its Ruling on E-Tax", *International tax Review*, February, 2001, p. 48.

[93] *Op. cit.*, p. 3

[94] Tal é a opinião de NIV TADMORE, *op.* e *loc. cit.*, que considera que um *Web site* age na prossecução dos interesses do mandante e que a actividade do mesmo é prosseguida no país onde é acedido pelo utilizador de Internet. Este autor defende por isso o abandono do requisito do agente ser uma "pessoa" e a inclusão no Artigo 5.º, número 5 da Convenção Modelo da OCDE da possibilidade do agente de um e-distribuidor ser uma "coisa" (um *Web site*, robot, software ou outra forma de inteligência artificial), desde que os demais requisitos do conceito de estabelecimento estável estejam preenchidos.

[95] Teoria desenvolvida por LUC HINNEKENS, "Looking for an Appropriate Jurisdictional Framework for Source-State Taxation of International Electronic Commerce in the Twenty-first Century", *Intertax*, V. 26, Issue 6-7, 1998b, pp. 195 e ss. e seguida por JEAN PIERRE LE GALL, "Internet: Cyber-Fiscalité ou Cyber-Paradis Fiscal?", *Revue de Droit Des Affaires*, N.º 3, 1998, p. 362, que equipara as noções de "*intrusion electronique*" ou "*présence virtuelle*" a uma conexão suficiente para efeitos de responsabilidade tributária num dado Estado.

ceber-se e teorizar-se a noção de "presença no espaço virtual"»[96]. Tudo indica portanto que foi a expectativa da adopção ao nível da OCDE de um conceito de presença económica virtual que esteve na origem da afirmação por parte de Portugal de que tomou tal posição porque «aguarda o trabalho futuro do TAG on Monitoring the Application of Existing Treaty Norms for the Taxation of Business Profits in the Context of Electronic Commerce quanto à questão se o conceito de estabelecimento estável deve ou não ser alterado para lidar com o comércio electrónico»[97].

Tal como reconhece KLAUS VOGEL[98], na busca do equilíbrio entre tributação na fonte e tributação na residência, «growing economic interdependence on an international scale resulted in treaty practice narrowing more and more the definitions of the term "permanent establishment", particularly among industrialized countries». Qualquer posição no sentido de colocar o limiar da responsabilidade fiscal criada pelo conceito de estabelecimento estável numa fasquia muito baixa contraria a evolução no Direito Fiscal Internacional e põe em cheque quer o crescimento do comércio electrónico, como qualquer objectivo de neutralidade. Obviamente não se pode esquecer que a tendência manifestada pela ordem jurídica internacional «can result in a satisfactory division of tax revenue between States, only where exports and imports are more or less balanced between the two States»[99], mas se este "obstáculo" constitui base suficiente para justificar o que pensamos ser uma distorção da definição de estabelecimento estável será analisado seguidamente.

1.7. *Perspectiva crítica: erosão da base tributária ou erosão de um conceito*

Para a maioria dos países importadores de comércio electrónico, manter o conceito de estabelecimento estável intacto significa uma erosão significativa da base tributária, mas em que termos este receio é resolvido por uma interpretação que amplia o âmbito de aplicação desta definição é a grande questão que se coloca.

---

96 Mensagem electrónica datada de 12 de Junho de 2001.

97 OCDE, *op. cit.*, 2000b, p. 2.

98 *Op. cit.*, 1997, p. 280.

99 *Ibidem.*

Um *server* não é mais do que equipamento informático cuja funcionalidade é definida por software previamente desenvolvido e nele instalado. Não existe qualquer tipo de ligação necessária entre este e a informação nele alojada, pois esta pode ser instaurada em qualquer computador. Mesmo no caso dos chamados "*smart servers*", capazes de desempenhar todas as etapas de uma venda *online*, é difícil encontrar uma relação regular entre a actividade comercial desempenhada e um *server* determinado.

O grau de integração entre os vários *servers* em rede é tal que, frequentemente, ficheiros inicialmente instaurados num *server* específico são copiados (*cached*[100]) para outros *servers*, independentemente do conhecimento ou vontade do dono da *Web page*. Embora quando se requer a prestação de uma nova acção por parte de uma *Web page* o pedido seja redirigido para o *server* onde originalmente o *Web site* está alojado[101], de um ponto de vista pragmático, o uso frequente de *mirror servers*[102] ou do sistema de *routing*[103] inibe a possibilidade de apurar qual o *server* utilizado numa determinada transacção.

Do exposto, resulta que mesmo nas situações de um e-distribuidor que prossegue uma actividade comercial através de *servers* ao seu dispor, os mesmos podem encontrar-se ligados com carácter de permanência a uma determinada localização geográfica, mas o seu conteúdo é variável. É impossível aferir uma ligação estável entre uma actividade comercial electrónica e um *server*. Na prática este tipo de relação raramente ocorre, tendo presente que geralmente as empresas que requerem ter um *server* ao

---

[100] *Cache* é a área no disco rígido de um computador usada para armazenar as últimas páginas vistas na *Web*. No âmbito dos ISP(s) é comum a utilização do mecanismo de *cache* nos seus próprios *servers* das páginas mais populares ou mais requisitadas, com vista à prestação de um serviço mais célere aos seus clientes.

[101] Por exemplo, quando solicitamos a *home page* do Hotmail a página *Web* que acedemos encontra-se geralmente copiada no *server* do nosso ISP, no entanto, no momento em efectuamos o *login* o nosso pedido é redireccionado para um dos *servers* onde originalmente as várias páginas do Hotmail estão alojadas.

[102] A maioria dos negócios *online* que providenciam produtos digitalizados operam *mirror sites* em diferentes localizações com vista a reduzir o tráfego nos *servers* locais e para aumentar a rapidez dos *downloads* efectuados por clientes situados a longa distância da fonte original dos ficheiros.

[103] A maior parte dos sistemas em rede utiliza *routers* (mecanismos que examinam a morada de cada "pacote" de informação e escolhem qual a melhor rota para os enviar para o seu destino) para obstar a falhas técnicas e aumentar a eficiência.

seu dispor têm tal volume de tráfego que utilizam vários *servers* para garantir eficiência.

Por outro lado, a natureza da Internet permite comunicar à dimensão mundial com poucos custos, o que dilui as barreiras económicas à localização de um *server* que pode assim ser instalado em qualquer parte do universo[104], independentemente de qual seja o mercado visado. Mesmo a OCDE[105] reconhece esta possibilidade de fácil (re)localização: «the ability to relocate computer equipment should reduce the risks that taxpayers in e-commerce operations be found to have permanent establishment where they did not intend to»[106]. No limite oposto, se uma empresa localizar por razões de estratégia técnica vários *servers* que desempenham funções essenciais do negócio em jurisdições de elevada tributação, pode ver-se na encruzilhada da dupla tributação devido ao facto de o limiar da responsabilidade fiscal residir num mero instrumento técnico.

Importa referir que as chamadas aplicações *peer-to-peer*, que ligam dois ou mais computadores directamente, cada vez se tornam mais populares entre utilizadores de Internet e empresários. Este tipo de software combina a capacidade de transferência de ficheiros com a troca instantânea de mensagens num ambiente de segurança maximizada[107], podendo ser aplicado quer ao nível das comunicações entre empresas, como nos contactos entre estas e os consumidores, aumentando assim o grau de interacção e colaboração entre os vários intervenientes económicos. Com esta perspectiva para o futuro da tecnologia, a utilização de *servers* nas transacções certamente decrescerá. A questão será como determinar a existência de um estabelecimento estável nestas circunstâncias, tendo em consideração que basear a responsabilidade tributária na mera presença da cópia de um *Web site* no computador do utilizador ou numa transacção *peer-to-peer* significa ameaçar ainda mais os fundamentos de tal conceito.

A posição da OCDE relativamente à interpretação do Artigo 5.º reverte no fundo em adaptação e mudança do conceito de estabelecimento estável pelo facto de colocar o limiar da responsabilidade tributária num mínimo, incluindo no âmbito deste conceito realidades não controláveis

[104] Até satélites no espaço são susceptíveis de constituir um *server*.

[105] OCDE, *op. cit.*, 2000b, p. 2.

[106] Quase parece um convite à "batota".

[107] *Vide* "Profit from Peer-to-Peer", *The Economist*, 23.6.2001, Reports, p. 25.

fisicamente. Embora seja possível discernir a presença corpórea de um *server*, considerá-lo um estabelecimento estável mesmo apenas dos casos de "*smart servers*", cria dificuldades dificilmente ultrapassáveis quanto a aferir o conteúdo do mesmo e em apurar o percurso virtual de uma transacção. Sendo assim esta posição está muito perto de um "*virtual permanent establishment*", um conceito vazio e altamente maleável que baseia a responsabilidade fiscal numa realidade imensurável.

Apesar dos princípios formulados pela OCDE, a perspectiva adoptada pela mesma quanto ao conceito de estabelecimento estável discrimina entre a forma de comércio tradicional e o comércio electrónico, uma vez que das diferentes formas de distribuição de um produto resultam obrigações fiscais divergentes[108]. A diferença de tratamento fiscal baseada na diferença entre relações contratuais com os donos de uma "*server farm*" numa dada jurisdição não se encontra suficientemente justificada e tem efeitos económicos gravemente distorcivos[109].

Acima de tudo, a interpretação da OCDE deveria ter considerado a *ratio legis* da definição de estabelecimento estável. Para a teleologia do conceito é fundamental um vínculo económico significativo a um dado Estado para que se justifique a tributação na fonte. É necessária a prossecução do negócio da empresa, a utilização de recursos, uma relação com carácter de permanência, isto através de uma unidade económica que apesar da dependência jurídica, economicamente tem uma existência de *per si*[110]. Um mero equipamento informático ou um *Web site* não pode

[108] Nas palavras de MARC DE MUNTER e BRENT SPRINGAEL, "Commentaire Supplétif de l'OCDE Sur la Notion d'Établissement Stable", *Le Fiscologue International*, N.° 205, 2001, p. 4), «des entreprises de la "vieille" économie qui mettent dorénavant leurs produits et services (également) en vente via un site web sur l'Internet (mais sans les livrer) ne posséderont généralement pas d'établissement stable dans le pays où leur (propre) serveur est installé. Les vendeurs de produits et de services en ligne y auront, quant à eux, généralement une présence imposable».

[109] De acordo com ANNE FAIRPO, este efeito discriminatório foi igualmente uma das razões da posição assumida pelo Reino Unido ("U.K. Revenue Statement on Servers", *Tax Planning International E-Commerce*, V. 2, N.° 5, 2000a, p. 3).

[110] «The traditional concept of international profit allocation is based on the perception that the activity carried out through a permanent establishment could be carried out by an independent business in the same way» (ROSEMARIE PORTNER, "Comments on the OECD Working Party No. 1's Proposal Concerning Application of the Existing 'Permanent Establishment' Definition With Respect to ISPs", *Tax Planning International E-Commerce*, V. 2, N.° 1, 2000, p. 16).

constituir o cerne da actividade económica de uma empresa. Não é no desempenhado de simples meios técnicos que reside a actividade produtiva de uma empresa de comércio electrónico, é a actividade de trabalhadores e agentes desenvolvendo software, criando produtos e gerindo a empresa que adiciona valor e que mais propriamente pode ser chamada actividade económica.

É igualmente importante sublinhar os custos administrativos e fiscais ligados a uma presença fiscal multi-jurisdicional que na posição da OCDE ocorre mesmo sem a implicação de uma actividade económica significativa. Situação especialmente onerosa para as pequenas e médias empresas, mas igualmente dispendiosa e de difícil imposição por parte das administrações fiscais.

2. Internet havens

As alterações ao Comentário ao Artigo 5.º da Convenção Modelo da OCDE muito provavelmente influenciarão países membros e não membros da OCDE na interpretação do conceito de estabelecimento estável em Convenções sobre Dupla Tributação e na legislação interna. Adoptar uma realidade facilmente manipulável como conexão tributária aumenta as possibilidades de planeamento fiscal e de serem factores puramente fiscais a influenciar a decisão sobre a qual jurisdição ligar uma actividade empresarial.

Como reconhecem RICHARD DOERNBERG e LUC HINNEKENS[111], «perhaps the most fundamental threat to the international tax system posed by electronic commerce is the erosion of the worldwide tax base». Tal constitui uma verdadeira possibilidade se em vez de uma simples transferência de rendimentos tributários dos países fonte para os países residência, mantendo a soma global inalterada, o rendimento fiscal global diminuir devido à localização de conexões tributárias em paraísos fiscais[112].

---

[111] *Electronic Commerce and International Taxation*, Hague, Kluwer Law International, 1999, p. 299.

[112] Este problema é sumarisado pela nova lei de Murphy, «Companies selling information over the Internet can call any place home, and the savvy ones are choosing jurisdictions with low or no taxes, financial privacy, governmental stability, and decent communications systems. (Warm water and sandy beaches are also a plus)» (MICHAEL MURPHY, "Follow the Money – Cooling the Net Hype", *Wired*, September, 1996, p. 86 <http://www.wired.com/wired/archive/4.09/money.html>.

No entanto, os motivos de preocupação advêm agora, não só da constituição de sociedades em jurisdições de baixa tributação, mas pela manipulação de novos nexos tributários. Um exemplo simples pode ilustrar este perigo: SoftLda, uma companhia de software com sede e direcção efectiva em Portugal, distribui software através da Internet utilizando o seu *Web site* para todas as etapas da formação de um contrato: os utilizadores podem seleccionar os produtos, efectuar o pagamento *online*, e depois da verificação deste último, efectuado igualmente em rede, os clientes podem fazer o *download* dos produtos. Toda a estratégia de marketing, desenho das páginas *Web* e produção dos programas de software são desenvolvidas em Portugal e EUA através de uma estrutura integrada que usa o *know-how* situado em diferentes zonas horárias para entregar os mais avançados produtos.

Devido ao facto de operar através de um *Web site*, SoftLda tem que decidir onde alojar os ficheiros informáticos, ponderando factores de eficiência económica e técnica. O maior pré-requisito é a existência de canais de comunicação de elevada capacidade. Sendo assim, mesmo que os factores de produção tenham que estar localizados em jurisdições de elevada tributação por razões que vão além da fiscalidade, a escolha óbvia por forma a aliviar a carga fiscal global será localizar o *server* (arrendado ou propriedade da empresa) num paraíso fiscal e daí prosseguir a sua actividade principal (vender produtos digitalizados) e aceitar e verificar os pagamentos efectuados em linha, directamente ou através de uma das várias sociedades que processam pagamentos contratada para o efeito, esta igualmente offshore.

De facto, esta nova miríade de possibilidades não passou despercebida e já começam a surgir novas terras prometidas com o intuito de atrair o comércio electrónico. Um dos exemplos paradigmáticos desta nova tendência é quase uma caricatura do que pode ser concebido para explorar ao limite a mobilidade do comércio baseado na Internet.

O Principado da Sealand, uma base anti-aérea construída durante a segunda Guerra Mundial localizada no Mar do Norte, tem apenas cerca de 1830 m^2 de superfície e consiste em dois grandes pilares de cimento, com 18 m à superfície, encimados por uma plataforma. A 2 de Setembro de 1967, Roy Bates proclamou a independência da Sealand baseado no abandono ("*dereliction of sovereignty*") por parte da Grã-Bretanha. No Verão de 2000 foi constituída neste território a sociedade HavenCo Ltd. oferecendo os seus serviços como enorme *server* e centro de telecomunicações global[113]. As sociedades que ali decidam alojar os seus ficheiros informáticos podem de facto escolher submeter-se ao enquadramento legal do Principado, no entanto, as Leis desta jurisdição são escassas e bastante permissivas, não existem tributos e quase não se impõem restrições quanto ao conteúdo dos *Web sites* (apenas pornografia infantil, lavagem de dinheiro e *spamming* estão banidos)[114].

Considerando a interpretação da OCDE ao Artigo 5.º da Convenção Modelo, a utilização da Sealand para efeitos fiscais pode incluir precisamente o estabelecimento de *servers* nesta jurisdição por parte de empresas que exerçam uma actividade comercial electrónica, uma vez que os critérios de conexão tributária são facilmente manipuláveis e os requisitos técnicos já se encontram preenchidos. De igual modo, nas situações extremas em que uma jurisdição considera conexão fiscal suficiente um *Web site* e um dos critérios reside no local de formação do contrato, uma medida de segurança será estruturar o processo contratual de modo a que a informação transmitida pelo *Web site* constitua um convite a contratar e a selecção do produto pelo consumidor e transmissão dessa escolha a oferta contratual, por forma a que a conclusão do contrato pressuponha sempre a confirmação por parte do e-distribuidor, aceitação esta que pode mesmo ser gerada automaticamente pelo software instalado no *server* e portanto garantindo a ligação da transacção à Sealand.

Vários outros países estabeleceram o comércio electrónico como uma prioridade, competindo entre si para atrair esta nova forma de actividade económica através da aprovação de legislação que proporcione o ambiente mais avançado e atraente para as empresas que operam no sector. Outro exemplo, mas com um âmbito mais sofisticado é o Dubai. Este

---

[113] «The huge support cylinders [...] contain millions of dollars' worth of networking gear: computers, servers, transaction processors, data-storage devices – all cooled with banks of roaring air conditioners and powered by triple-redundant generators. HavenCo [...] provide its clients with nearly a gigabit permanent second of Internet bandwidth [...], at prices far cheaper than those on overregulated dry land of Europe». Além disso, «operate as a traditional collocation facility – that is, a company that *rents space to store servers and provides Internet connections to companies' computers and servers*» [sublinhado nosso] (SIMSON GARFINKEL, "Welcome to Sea Land. Now Bugger Off", *Wired*, July, 2000, pp. 232 e 234).

[114] Cf. SIMSON GARFINKEL, *op. cit.*, pp. 230 e ss.; e "The Internet and the Law – Stop Signs on the Web", *The Economist*, 13.1.2001, p. 25.

país oferece uma Technology, Electronic Commerce and Media Free Zone composta por três iniciativas, Dubai Internet City, Dubai Media City e Dubai Ideas Oasis.

A Dubai Ideas Oasis tem como objectivo capturar o interesse de novas ideias de e-negócio e providenciar um ambiente favorável para atrair capital e outros recursos necessários à transformação em conjunto das ideias numa realidade de mercado. A Dubai Media City providencia infra-estruturas para todo o tipo de actividade ligada aos media. Por sua vez, a medida com mais sucesso é a Dubai Internet City, lançada em Outubro de 2000, que oferece infra-estruturas técnicas que incluem uma elevada capacidade de banda-larga e baixos custos de acesso a canais de telecomunicações, tendo em vista reunir companhias ligadas ao e-comércio e facilitando por isso as alianças estratégicas[115].

Para além da localização geográfica e das infra-estruturas, como incentivos o Dubai beneficia as sociedades residentes com uma isenção fiscal de 15 anos, permite que uma sociedade residente localizada na Free Zone seja controlada a 100% por capital estrangeiro e possui uma rede alargada de Convenções sobre Dupla Tributação (20 CDT(s)). No que diz respeito a este último aspecto, as CDT(s) seguem o conceito de residente adoptado pela Convenção Modelo da OCDE[116]. No entanto, a Lei interna tributa com base na fonte e não com base na residência, logo, na presença de uma CDT o único factor de conexão tributária ao território será através do conceito de estabelecimento estável e por este motivo a nova redacção dada ao Comentário ao Artigo 5.° da Convenção Modelo da OCDE[117] constitui um auxilio valioso para considerar um *server* como nexo suficiente para aplicação da Convenção sobre Dupla Tributação, com a consequente tributação na fonte (0% actualmente) do rendimento atribuído à actividade do *server*.

---

[115] Cf. ROBERT PEAKE, "Dubai Makes a Bid for E-Business", *International Tax Review*, December/January, 2001, pp. 47 e ss.

[116] «Qualquer pessoa que, por virtude da legislação desse Estado, está aí sujeita a imposto devido ao seu domicílio, à sua residência, ao local de direcção ou a qualquer outro critério de natureza similar» (Artigo 4.°, número 1).

[117] A questão controvertida sobre a aplicação de uma versão dos Comentários posterior à celebração da CDT em causa vai para além do escopo deste estudo, refere-se no entanto que a posição do Comité dos Assuntos Fiscais da OCDE vai no sentido de aplicar a última versão dos Comentários a Convenções prévias às alterações, desde que o Artigo em interpretação não difira em substância.

Várias jurisdições como as Bermudas, Gibraltar ou as Ilhas Virgens Britânicas, entre outras, desenvolveram um ambiente pro-comércio electrónico, com óptimos canais de telecomunicações, legislação favorável, certeza, condições especiais para atrair pessoal qualificado, integração com uma actividade bancária electrónica e serviços financeiros para o processamento dos pagamentos electrónicos. Como reconhece DAVID HARDESTY[118], «the greatest potential for effectively using an offshore company, however, lies with web-based services». De facto, a grande mobilidade é um incentivo para a prosseguir integralmente uma actividade comercial electrónica numa jurisdição mais favorável, a nossa preocupação não reside nas sociedades offshore reais, que desenvolvem uma actividade substancial nestes centros, mas foca-se antes nas novas possibilidades para a utilização de "falsos" nexos de conexão a zonas offshore, tais como *Web servers*.

Na nossa opinião, a classificação dos paraísos fiscais deveria passar a incluir os *Internet havens* – jurisdições que combinam uma baixa carga tributária com outros atractivos especialmente direccionados para o comércio e actividade bancária electrónicos. Posto isto, é importante que a OCDE na sua cruzada contra a concorrência fiscal desleal[119] passe a ter em conta esta nova categoria e implemente medidas para evitar decisões económicas exclusivamente baseadas em razões de ordem fiscal. Paradoxalmente, a posição da OCDE sobre os *servers* tem o efeito prático oposto, encorajando a utilização destes centros sem qualquer nexo substancial com os mesmos. No fundo, a intenção de salvaguardar o equilíbrio entre Estados fonte e Estados residência, reverteu em erosão do rendimento fiscal global, em especial dos países da residência.

3. Atribuição de lucros

A presença tributária ou conexão fiscal de uma empresa multinacional com uma determinada jurisdição pode resultar de um estabelecimento estável ou de uma empresa subsidiária (filial). Em ambos os casos os Artigos 7.º e 9.º da Convenção Modelo da OCDE, respectivamente,

---

[118] "Offshore Web Sites", *Tax Planning International E-Commerce*, V. 1, N.º 7, 1999, p. 6.

[119] Para uma visão detalhada sobre o papel da OCDE nesta matéria ver OCDE, *Harmful Tax Competition: An Emerging Global Issue*, Paris, OCDE, 1998b.

determinam que a base da atribuição de lucros entre os vários núcleos de uma mesma empresa é o princípio da plena concorrência (*arm's length principle*).

No âmbito das Convenções sobre Dupla Tributação a OCDE adoptou a perspectiva da funcionalidade da entidade separada[120] como critério interpretativo do Artigo 7.°, número 2 da Convenção Modelo da OCDE no contexto do comércio electrónico[121], seguindo a posição expressa nos *Transfer Pricing Guidelines for Multinational Enterprises* (*Transfer Pricing Guidelines*)[122]. De acordo com este critério os lucros atribuíveis a um estabelecimento estável serão aqueles que este obteria se fosse uma empresa distinta e separada que exerce as mesmas actividades ou actividades similares, sob as mesmas condições ou condições idênticas.

No relatório publicado pelo TAG sobre esta matéria, foi analisado à luz do comércio electrónico, o caso prático de um distribuidor *online* de música e produtos vídeo que exerce a sua actividade através de um *Web site* instaurado num único *server* situado numa jurisdição estrangeira. O software instalado neste *server* tem a capacidade de processar as encomendas de produtos físicos e digitalizados efectuadas *online* pelos clientes, de transmitir os produtos digitalizados directamente para o computador dos utilizadores, e de automaticamente contactar a entidade emitente do cartão de crédito do consumidor, de forma a verificar os dados de pagamento e processar o pagamento *online* de forma segura[123].

---

[120] Por oposição à visão de que cada entidade é uma parte inseparável de uma unidade económica.

[121] Relatório do Technical Advisory Group on Monitoring the Application of Existing Treaty Norms for the Taxation of Business Profits (TAG), *Attribution of Profit to a Permanent Establishment Involved in Electronic Commerce Transactions* <http://www.oecd.org/daf/fa/e_com/ec_3_ATTRIBUTION_Eng.pdf>, Paris, OCDE, 2001b.

[122] OCDE, *Transfer Pricing Guidelines for Multinational Enterprises and Tax Administrations*, Paris, OCDE, 1995, 1998, I-3, § 1.6. Posição reiterada num relatório recente sobre a atribuição de lucros a um estabelecimento estável em qualquer dos contextos: OCDE, "*Discussion Draft on the Attribution of Profits to Permanent Establishment*" <http://www.oecd.org/daf/fa/tr_price/peprofit_english.pdf >, OCDE, Paris, 2001c.

[123] OCDE, *op. cit.*, 2001b, p. 12.

Mesmo com este amplo espectro de funções, o estudo concluiu que apenas uma pequena percentagem de lucros seria atribuível a um estabelecimento estável que não requer intervenção humana, quase não assume risco e não possui quaisquer direitos de exploração ou de propriedade intelectual em relação aos bens transaccionados, direitos estes de suma importância num negócio electrónico[124] Foram ainda formuladas outras variantes a este caso, e nas hipóteses de intervenção de pessoal, desenvolvimento parcial ou integral do software ou outros produtos, assunção de algum risco, ou algum acervo de direitos com origem numa actividade de pesquisa e desenvolvimento (*R&D*), a percentagem de lucro atribuível poderia então ser superior. O TAG concluiu portanto pela necessidade de uma análise casuística das várias situações, considerando as funções desempenhadas, o risco assumido, os bens utilizados e o património ao dispor do estabelecimento estável.

Estas conclusões demonstram um elevado grau de arbitrariedade[125] e revelam as fraquezas do princípio da plena concorrência quando aplicado no contexto desta nova realidade. O *arm's length principle* enfrenta inúmeros obstáculos no âmbito do comércio electrónico, sendo um dos principais a falta de comparáveis, uma vez que a especificidade e a novidade da maioria dos produtos comercializados *online* não permite encontrar transacções idênticas entre partes independentes. No campo das administrações fiscais, o maior desafio reside em identificar a existência das próprias transacções, se considerarmos quão fácil é transferir bens e serviços digitalizados entre jurisdições.

É um dado incontornável que o comércio electrónico desafia o tratamento tradicional conferido ao problema dos preços de transferência[126].

---

[124] John Cooney, "Tax Havens – Do They Work?", *Tax Planning International E-Commerce*, V. 2, N.º 10, 2000, p. 13, sublinha precisamente esta dificuldade em reconhecer um valor acrescentado significativo ou mesmo custos atribuíveis a um estabelecimento estável nestas circunstâncias.

[125] «The paper does little to help even those businesses which fall within the online retail sector which is examined». (Anne Fairpo, "Attribution of Profit to a PE Involved in Electronic Commerce Transactions", *Tax Planning International* <http://bna.ais.co.uk/lp-Bin21/lpext.dll/?f=templates&fn=main-h.htm&2.0>, 2000, p. 2).

[126] No sentido dos problemas relacionados com a determinação do preço de plena concorrência nas trocas entre partes de uma mesma empresa ou com controlo comum e com o consequente apuramento da percentagem de lucro justo a atribuir a cada um dos intervenientes. Não se refere aqui à utilização dos preços de transferência como instrumento de evasão ou elisão fiscal.

Como sublinha a OCDE[127], as potenciais dificuldades residem: na aplicação da perspectiva transaccional ou dos métodos tradicionais baseados nas transacções, em encontrar comparáveis[128], em verificar a analisar a funcionalidade de cada interveniente numa estrutura empresarial cada vez mais integrada e em determinar qual a informação e documentação mais adequadas para apresentar às administrações fiscais. Em suma, com as novas oportunidades de transacções inter-fronteiras proporcionadas pelo comércio electrónico e à medida que este vai assumindo um papel mais importante na economia, em princípio os problemas relacionados com os preços de transferência tornar-se-ão mais frequentes e complexos[129].

Relativamente a este problema as administrações fiscais da maioria dos países acreditam que mesmo num contexto de comércio electrónico a perspectiva da OCDE expressa nos *Transfer Pricing Guidelines* continua a ser a mais adequada. No entanto, os métodos transaccionais tradicionais, cuja aplicação prioritária no âmbito do comércio tradicional é defendida pela OCDE, acabam por se revelar inadaptados para lidar com o comércio electrónico. Assim, os *Transfer Pricing Guidelines*[130] propõem o método da divisão do lucro global (*profit-split method*) nas situações em que, para além de ausência de transacções comparáveis entre partes independentes, as transacções entre as partes associadas são continuadas ou se encontram de tal forma integradas que não podem ser avaliadas separadamente de forma adequada. A aplicação deste método às transacções baseadas na Internet tem sido igualmente defendida por parte das administrações fiscais e por alguma doutrina[131].

---

[127] OCDE, *Electronic Commerce: a Discussion Paper on Taxation Issues* <http://www.oecd.org/daf/fa/e_com/discusse.pdf>, OCDE, Paris, 1998c, p. 28.

[128] No entanto, com o crescimento do comércio electrónico ao nível global é provável que o número de comparáveis aumente, (cf. PIERRE BOURGEOIS e LUC BLANCHETTE, "Income_taxes.ca.com: The Internet, Electronic Commerce, and Tax – Some Reflections" (Parte II), *Canadian Tax Journal*, V. 45, N.º 6, 1997, 1404). No entanto, a falta de comparabilidade com as formas de comércio tradicional mantém-se.

[129] Cf. PETER NIAS, "U.K. Transfer Pricing in E-commerce", *Tax Planning International E-Commerce*, V. 2, N.º 7, 2000, p. 10 e FRANCES HORNER e JEFFREY OWENS, *op. cit.*, p. 521.

[130] I-17, § 1.42 e III-2, § 3.5.

[131] Nomeadamente, HELMUT BECKER, "Taxation of Electronic Business in a Globalizing World – Ten Demands for Adaptation", *Intertax*, V. 26, Issue 12, 1998, p. 412; FRANCES HORNER e JEFFREY OWENS, *op. cit.*, p. 521; ROSEMARIE PORTNER, "Transfer Pricing – Internet Transactions", *Tax Planning International Review*, V. 25, N.º 5, 1998a, p. 29; e ANNE FAIRPO, "Transfer Pricing and the Internet", *Tax Planning International E-Commerce*, V. 1, N.º 12, 1999a, p. 27.

O *profit-split method* é recomendável nos casos em que a avaliação das transacções entre partes relacionadas como transacções entre entes independentes apresente perigo de distorções económicas. No entanto, este método implica a contabilização dos lucros globais da empresa e a subsequente divisão do lucro assim calculado pelas várias partes da empresa de acordo com uma análise funcional da actividade das mesmas[132]. Assim, pode ser argumentado[133] que esta abordagem não obsta às dificuldades em identificar e avaliar cada contribuição individual numa dimensão como a das estruturas empresariais internéticas, em que os níveis de integração e cooperação são utilizados ao limite[134].

Outra alternativa[135] é a aplicação do método da margem líquida de vendas (*transactional net margin method* – OCDE) ou método da comparação dos lucros (*comparable profits method* – EUA). No entanto, como apontam Bert Kaminski e Günter Strunk[136], este método requer comparáveis[137] e, como foi mencionado, este factor é precisamente uma das grandes dificuldades colocadas pelo comércio *online*[138].

---

132 A referência nos *Transfer Pricing Guidelines* (OCDE, *op. cit.*, 1995, 1998, III-2, §3.5) a empresas associadas aquando da explicação deste método não impede a aplicação de um método de atribuição de lucros indirecto como é o caso do *profit-split method* quando na presença de um estabelecimento estável (Artigo 7.°, número 4, da Convenção Modelo da OCDE). No entanto, como é referido pelo TAG, OECD, *op. cit.*, 2001b, p. 28, é aconselhável uma interpretação mais coerente deste Artigo com o Artigo 9.°, de modo a evitar resultados divergentes entre empresas associadas e estabelecimentos estáveis.

133 Bert Kaminski e Günter Strunk, "Transfer Pricing Features of Transactions over the Internet", *Tax Planning International E-Commerce*, V. 1, N.° 1, 1999, p. 7.

134 Tal dificuldade é ainda exacerbada nas situações em que um mero *server* é considerado um estabelecimento estável.

135 Defendida por Nilesh Shah, Larry Olsen, *et al.*, "Taxing the Internet Goldrush", *International Tax Review*, March, 2000, p. 14

136 *op. cit.*, p. 8.

137 Embora neste caso a comparabilidade em causa seja entre funções e não, como exigem os métodos transaccionais, entre transacções num momento determinado.

138 Richard Doernberg e Luc Hinnekens, *op. cit.*, p. 206, defendem por sua vez uma posição de compromisso. Quando as transacções são efectuadas por Internet (ou intranet) mas não se encontram fortemente integradas e existem comparáveis, os métodos apropriados serão os métodos transaccionais (método do preço comparável com partes independentes ou método do preço de revenda). No caso de uma actividade unitária e integrada, embora desempenhada por vários intervenientes, o método recomendável será método da divisão de lucros.

Por seu turno, BERT KAMINSKI e GÜNTER STRUNK[139] propõem um método adaptado ao comércio electrónico, em que a atribuição dos lucros entre os vários núcleos de uma empresa multinacional seria efectuada através da formulação de uma proporção às funções desempenhadas, tendo como base a identificação e a análise aprofundada das transacções e da funcionalidade de cada parte da empresa. Para este fim, estes autores postulam a necessidade do grupo empresarial documentar com precisão todas as funções e contribuições individuais, base depois para estimar qual a percentagem do valor global de uma transacção a atribuir a cada participação concreta. A fórmula assim criada seria depois reutilizável em futuros anos fiscais.

Na nossa opinião, esta posição apresenta a grande vantagem de basear a atribuição de lucros na funcionalidade económica e de postular uma disciplina empresarial no sentido de identificar e documentar a participação das várias partes para uma transacção integrada. No entanto, mais do que um método alternativo, esta perspectiva poderá constituir uma ferramenta importante na aplicação dos métodos existentes, uma vez que ao permitir discernir o valor de cada participação individual no todo possibilita nomeadamente a identificação da funcionalidade de cada parte na aplicação do método da divisão do lucro global.

Outro problema, não tratado pela doutrina, consiste em determinar o montante de lucros a atribuir a um *Web site* quando este é considerado um estabelecimento estável[140]. Neste caso, uma questão prévia à escolha do método mais adequado para apuramento do valor a atribuir, consiste em determinar a qual jurisdição o estabelecimento estável se encontra ligado, e através de que critérios. A grande dificuldade será depois identificar a funcionalidade específica do *Web site* e individualizá-la em relação ao *server* onde se encontra alojado, uma vez que geralmente a doutrina e a OCDE imputam (e confundem) a actividade desempenhada pelo *Web site* ou pelo software e a informação de que é composto à performance automática do *server*. Denota-se uma vez mais a arbitrariedade e a difícil aplicabilidade prática de tais soluções.

Em suma, importa sublinhar que os problemas gerais relacionados com a determinação dos preços de transferência são exacerbados no con-

139 *Op. cit.*, p. 9.
140 *Vide supra* III.1.2.

texto do comércio electrónico, e que a opção de incluir na definição de estabelecimento estável realidades como um *server* ou um *Web site*, perturba ainda mais esta questão e cria incertezas desnecessárias.

IV. NOVOS PROBLEMAS – NOVAS SOLUÇÕES

1. Possíveis soluções

No plano doutrinal várias têm sido as respostas aos problemas levantados pela tributação do comércio electrónico e em particular aos receios de erosão da base tributária dos Estados. De entre as possíveis soluções, alguma doutrina vai ao ponto de redesenhar o sistema fiscal internacional clamando pela adopção de impostos alternativos que visam tributar exclusivamente a riqueza gerada pelo comércio electrónico.

Uma das propostas mais discutidas neste âmbito é o "*bit tax*"[141] sobre a informação transferida *online*. Este imposto visa tributar a uma taxa única cada "*bit*" de informação transmitido pelas linhas de telecomunicações.

Uma das vantagens do "*bit tax*" reside na sua simplicidade, considerando que as companhias de telecomunicações possuem actualmente o software necessário para medir o volume da informação transmitida. Deste modo, cada companhia telefónica ou cada ISP possui a capacidade necessária para aplicar o "*bit tax*" automaticamente e remeter os fundos obtidos via computador para a administração fiscal, actuando assim como agente cobrador de tributos para o Governo. Por outro lado, um imposto desta natureza funcionaria como um instrumento nivelador do volume de informação na Internet, desincentivando as transmissões de conteúdo irre-

---

[141] A ideia de tributar a informação foi primeiro proposta por ARTHUR CORDELL e THOMAS IDE em 1994, num relatório preparado para a reunião anual do Clube de Roma (actualmente publicado em: A. J. CORDELL, T. RAN IDE, L. SOETE e K. KAMP, *The Wealth of Nations: Taxing Cyberspace*, Toronto, Between the Lines, 1997). Esta ideia foi posteriormente adoptada e desenvolvida por LUC SOETE, Presidente do High Level Expert Group e Director do Maastricht Economic Research Institute on Innovation and Technology (MERIT), em várias publicações. Para mais informações ver o site do Cybertax <http://meritbbs.unimaas.nl/cybertax> e o relatório final do High Level Expert Group <http://europa.eu.int/ISPO/docs/topics/docs/hlge_final_en_97.doc>, 1997 – onde foi expressamente reconhecida a necessidade de estudos relativos a esta alternativa.

levante e reduzindo por isso o crescente congestionamento no acesso à rede, ou, como sublinha ANNE FAIRPO[142], um "bit tax" «sidesteps the problems of a lack of identifiable material production and exchange – the foundation on which present tax systems are based».

No entanto, são manifestos os efeitos distorcivos na economia que advêm de um tratamento discriminatório do comércio electrónico. Para além de desencorajar a utilização e o desenvolvimento da Internet, este imposto enferma de uma total ausência de correlação com o valor económico do bem que tributa, sendo irrelevante que se trate de uma transmissão comercial ou de uma comunicação pessoal sem qualquer valor económico[143]. Pode ser argumentado que são as comunicações empresariais que dominam o volume de transmissões na Internet, no entanto, a utilização não económica da Internet tem crescido à medida que novos hábitos, como por exemplo a troca de mensagens electrónicas, se tornam cada vez mais populares.

Nesta linha, foram ainda teorizadas outras propostas, como um imposto sobre a transferência de dinheiro através da Internet, um imposto sobre as telecomunicações aplicado como percentagem sobre o serviço cobrado aos utilizadores de Internet, ou impostos específicos sobre o consumo de hardware, de computadores pessoais, ou de caixas Multibanco (*Automated Teller Machines* – ATMs). Todas estas propostas apresentam-se como alternativas à tributação existente mas, em boa verdade, na presença de uma transacção económica esse valor é tributável pelo sistema de impostos tradicional e portanto constituem um encargo adicional que viola o princípio da neutralidade fiscal.

Não surpreendentemente, a aceitação de novos impostos neste sector florescente da economia tem sido relutante. De facto, o comércio electrónico não deve ser penalizado de *per si* e tanto organizações internacionais (*v.g.* UE e OCDE), como Governos[144], empresários e utilizadores

---

[142] "The Impact of the Internet on International Taxation and Vice Versa", *Tax Planning International E-Commerce*, V. 2, N.º 2, 2000b, p. 4.

[143] Como se encontra ilustrado num exemplo no site da Global Tax-Free Zone <http://cox.house.gov/nettax/>: «Even at Soete's "very low" rate of 1 cent per megabit (that's 0.000001 cents per bit), downloading a two-hour movie with a transfer rate of two megabytes-per-second would cost the user $144 in bit taxes».

[144] Os Estados Unidos chegaram mesmo a aprovar legislação (Internet Tax Freedom Act de 1998) que introduziu uma moratória inicialmente de três anos, mas

clamam por adaptação do sistema tributário existente. No entanto, nem sempre as soluções implementadas neste sentido se revelam as mais adequadas na prática, não sendo por isso despicienda a análise de alternativas.

2. Propostas

Ex expositis, denota-se que a possibilidade de comercializar electronicamente num mercado, sem qualquer tipo de presença física coloca vários problemas para a tributação na fonte. Uma vez que a tendência para o futuro da actividade empresarial vai no sentido do desempenho de um papel cada vez mais importante pelo comércio virtual, a grande questão será se o equilíbrio entre Estados fonte e Estados residência ou equidade inter-nações não resultará irremediavelmente afectado.

A regra da tributação na fonte é composta por dois factores. Primeiro, visa tributar o rendimento na jurisdição onde é originado, na medida em que é resultante de uma actividade prosseguida dentro das fronteiras daquela[145]. O segundo factor importante é um *situs*, a localização territorial de um bem ou lugar onde a actividade empresarial física é desempenhada, na medida em que reitera a ligação entre a origem do rendimento e um vínculo económico (*economic allegiance*)[146].

Sem dúvida que a tributação na fonte é justa[147] e facilmente justificável no ponto de vista da equidade e neutralidade de um sistema tri-

---

posteriormente prorrogada até 2006, na criação de novos impostos discriminatórios do comércio electrónico em relação às formas de comércio tradicional.

[145] Um importante princípio implícito nesta perspectiva é o princípio da não discriminação entre a tributação do rendimento de residentes e não residentes obtido numa mesma jurisdição. (Richard Musgrave e Peggy Musgrave, "Inter-nation Equity", *in Modern Fiscal Issues – Essays in Honour of Carl S. Shoup*, orgs. Richard M. Bird e John G. Head, Toronto e Buffalo, University of Toronto Press, 1972, p. 67.

[146] A doutrina do vinculo económico foi o ponto de partida da moderna teoria da tributação internacional, que deu os primeiros passos sob os auspícios da Liga das Nações em 1921. (Ver David Forst, "The Continuing Vitality of Source-Based Taxation in the Electronic Age", *Tax Notes International*, November 3, 1997, p. 1450 <http://ereports.tax.org/taxbase/archive/tni1997.nsf/86255f190073234e85255b580068db3a/81d5490e2273cd108525662a002c98b6?OpenDocument>.

[147] Cf. Alejandro Altamirano, "La Tribuación Directa Ante el Comercio Electrónico y la Fiscalización de las Operaciones Desarroladas Através de Internet", *Ciência e Técnica Fiscal*, N.° 397, 2000, p. 47.

butário internacional. Trata-se de tributar o rendimento no Estado de «produção do rendimento em questão, [...] o Estado onde o valor foi acrescentado a um bem»[148]. No entanto, tal como exemplifica o provérbio alemão, "*the devil hides in detail*" e apesar da clareza dos princípios, o modo de partilhar a base tributária resultante do comércio electrónico está longe de ser uma questão pacífica.

Muito provavelmente o crescimento do comércio electrónico implicará o reequacionar do papel desempenhado pelos países fonte e países residência na economia, quando comparado com o seu papel no âmbito do comércio tradicional[149]. Manter o *statu quo* através de interpretações que não respeitam a *ratio legis* de conceitos como o de estabelecimento estável, consiste em ampliar desmesuradamente o espectro do poder tributário do Estado da fonte, de forma a abranger realidades que do ponto de vista económico não apresentam qualquer outro vínculo com aquele Estado, para além dos possíveis consumidores. Trata-se de subverter o equilíbrio base do Direito Fiscal Internacional, mesmo que com a adopção de tais medidas se julgue proteger a base tributária dos países fonte.

Desrespeitar a teleologia do conceito de estabelecimento estável reverte numa grave erosão do mesmo, tornando-o uma definição vazia de sentido, facilmente manipulável e fonte de novas oportunidades de concorrência fiscal desleal. Será por isso aconselhável manter o limiar de responsabilidade tributária nos parâmetros anteriores à interpretação defendida pela OCDE, remetendo a utilização desta definição para situações de efectivo vínculo económico e de actividade empresarial verdadeiramente substancial numa dada jurisdição.

Como no contexto do comércio electrónico se torna menos provável basear a jurisdição tributária num estabelecimento estável, será dado um maior ênfase ao critério de residência como conexão relevante para estabelecer uma obrigação fiscal[150]. No entanto, também esta definição não passou incólume aos efeitos do tempo e por isso também os indicadores de residência se tornam cada vez mais voláteis.

---

148 KLAUS VOGUEL, "Worldwide vs. Source Taxation of Income – A Review and Re-Evaluation of Arguments" (Part I), *Intertax*, V. 16, Issue 8-9, 1988, p. 223.

149 Esta é a posição de RICHARD DOERNBERG e LUC HINNEKENS, *op. cit.*, p. 300.

150 Esta tendência, mais do que uma opção é uma necessidade devido à impossibilidade prática de aplicar ao comércio electrónico uma tributação baseada na fonte.

Na maioria dos países, os factores mais importantes para aferir a residência de uma sociedade são o local da sede e/ou o local da direcção efectiva. Para efeitos da aplicação de Convenções sobre Dupla Tributação, o Artigo 4.º, número 3 da Convenção Modelo da OCDE determina que o critério decisivo em casos de dupla residência é o da direcção efectiva. No entanto, no estado actual do desenvolvimento tecnológico, surgem inúmeras dificuldades na aplicação destes critérios. O local da sede é facilmente manipulável, uma vez que hoje até por telefone ou por correio electrónico se pode constituir uma sociedade, sem manter qualquer tipo de contacto económico com essa jurisdição. Por outro lado, estabelecer um nexo geográfico e temporal com um núcleo onde as mais importantes decisões de gestão são tomadas torna-se também praticamente impossível, dada a sofisticação das tecnologias de comunicação[151] e eficientes meios de transporte.

Sem dúvida que a actividade empresarial e a gestão se tornaram mais globais e versáteis. Sendo assim, a residência deverá passar a incluir o factor nexo económico. Tal vínculo económico com um Estado poderá ser determinado pela ponderação de factores como terra, trabalho, capital e empresa (os factores de produção), analisando em que medida estes contribuem para a obtenção dos lucros da empresa[152]. De facto, uma das razões para criar esta ficção e tributar as empresas consiste precisamente em reconhecer um uso económico por parte das mesmas de factores de produção e infra-estruturas situadas numa jurisdição. Deste modo, quantificar e medir este vínculo económico[153] é um factor chave numa era em que para vários propósitos a presença física se torna obsoleta.

O outro lado desta realidade consiste na erosão da base tributária dos países tradicionalmente fonte, uma vez que penetrar num mercado deixou

---

[151] Um exemplo é a possibilidade de prosseguir reuniões através videoconferência.

[152] Este teste tem sido equacionado pela OCDE para funcionar como critério adicional ao critério da direcção efectiva na aferição do Estado de residência em casos de dupla residência (OCDE, *The Impact on the Communications Revolution on the Application of 'Place of Effective Management' as a Tie Breaker Rule* <http://www.oecd.org/daf/fa/e_com/ec_4_POEM_Eng.pdf>, Paris, OCDE, 2001d, p. 11). Como alternativa, autores como Richard Doernberg e Luc Hinnekens, *op. cit.*, p. 333 e 337, sugerem que caso se considere alterar o critério de residência, a residência dos directores da empresa, ou a residência de uma percentagem específica dos accionistas ou empregados, poderiam constituir critérios adicionais.

[153] Excluindo o factor vendas que deverá ser tributado em sede de tributação indirecta.

de implicar uma presença física. A funcionalidade económica de uma jurisdição fonte não deverá no entanto ser medida pelo volume de pagamentos provenientes das vendas nesse mercado específico. Uma vez que o objectivo da tributação do rendimento na fonte se encontra relacionado com a prossecução de uma actividade económica em forte conexão com uma determinada localização geográfica, a tributação numa jurisdição com uma percentagem significativa de consumidores dessa actividade deve logicamente ser remetida para o âmbito dos impostos indirectos.

Na verdade, deveria ser prosseguida uma verdadeira integração entre as várias formas de tributação, em especial entre a tributação directa e indirecta do rendimento, por forma a compensar o facto de uma actividade comercial poder ser desenvolvida sem qualquer tipo de presença física na jurisdição de consumo. Como bem expressam DOERNBERG e HINNEKENS, «the use of VAT to provide taxing authority over a foreign taxpayer that does not have a permanent establishment may permit source countries to capture tax revenue generated by electronic commerce that might otherwise escape under the income tax»[154].

Em vez de se colocar o limiar da responsabilidade fiscal para efeitos dos impostos directos num mínimo vazio de significado e difícil de determinar por forma a abranger as vendas na jurisdição, ou presenças efémeras como as de *servers* ou a actividade de software sob a forma de *Web site*, deverá confiar-se a tributação do factor consumo ao âmbito específico dos impostos sobre o consumo[155].

No entanto, uma das maiores dificuldades relativamente à tributação do comércio electrónico ao nível dos consumidores finais consiste na imposição das tributações, uma vez que identificar as transacções no estádio actual de desenvolvimento da tecnologia é praticamente impossível, e por isso estas acabam por ser invisíveis para as administrações fiscais.

Tendo em conta tal factor, postula-se uma visão que ao colocar a tónica nos impostos sobre o consumo, ao mesmo tempo coordene a aplicabilidade prática com o objectivo de encontrar uma forma de compensação para a transferência de rendimentos fiscais dos países fonte para os países

[154] *Op. cit.*, p. 329.
[155] *Sales Tax* nos Estados Unidos.

residência. Com esta pressuposição em mente, é reconhecível que só quando os pagamentos são dedutíveis é que a base tributável de uma dada jurisdição diminui[156]. Assim, o IVA, ou outro imposto sobre as vendas, seria cobrado apenas nos casos de perda de rendimentos por parte das administrações fiscais ao nível dos impostos directos. Como corolário, apenas as empresas seriam tributadas em IVA no que diz respeito ao comércio electrónico e consequentemente os problemas de cobrança do imposto seriam ultrapassados[157].

Esta alternativa parece-nos de mais fácil aplicação prática do que a alternativa proposta por DOERNBERG[158] de um imposto a incidir por retenção na fonte sobre todos os pagamentos relativos ao comércio electrónico erosivos da base tributária do Estado fonte. De facto, tributar em IVA as aquisições efectuadas por sujeitos passivos de imposto produz o mesmo efeito de salvaguarda da base tributária dos Estados fonte, com as vantagens de utilizar os mecanismos de cobrança e de imposição já existentes, evitar complicados esquemas de eliminação da dupla tributação e de respeitar o princípio de tributar o factor consumo no campo dos impostos indirectos.

Finalmente, a forma preferível de lidar com um problema multijurisdicional e sem fronteiras, como o da tributação do comércio electrónico, será através do consenso internacional. Nas palavras de DAVID TILLIGHAST[159], «in this process there is a crying need for a concerted

---

[156] Se o pagamento é efectuado por um consumidor final o rendimento utilizado foi já tributado em imposto sobre o rendimento das pessoas singulares. No entanto, um pagamento efectuado por uma sociedade é dedutível como custo e portanto tal rendimento não é tributado no país fonte do pagamento.

[157] A solução seria sujeitar em IVA o comércio electrónico apenas nos casos em que os fornecimentos são efectuados a sujeitos passivos do imposto, obviando a que os e-distribuidores de países terceiros que operam no mercado da UE tenham que se registar para efeitos de IVA, baseando assim a cobrança do imposto no mecanismo de *reverse charge* e ultrapassando ainda as dificuldades de identificar as transacções efectuadas com consumidores finais que compram *online*, pressupondo que os mecanismos de imposição seriam os já existentes para os comerciantes.

[158] Ver RICHARD DOERNBERG, "Electronic Commerce and International Tax Sharing", *Tax Notes International*, May 12, 1998, p. 1583 e ss. <http://ereports.tax.org /taxbase/ta5.nsf/WP/ecomFrame?OpenDocument&Login> e "Electronic Commerce: Changing Tax Treaty Principles Bit by Bit?", *Tax Planning International E-Commerce*, V. 3, N.º 3, 2001, pp. 10 e ss.; e RICHARD DOERNBERG e LUC HINNEKENS, *op. cit.*, pp. 315 e ss..

[159] "The Impact of the Internet on the Taxation of International Transactions", *International Bureau of Fiscal Documentation Bulletin*, Nov./Dec., 1996, p. 526.

approach. If Individual countries or blocs of countries run off in different directions, the result will be chaos». No entanto, a tradicional solução bilateral seguida pela OCDE não é suficiente para lidar com os desafios colocados à tributação pelas novas tecnologias, uma vez que uma actividade empresarial *online* não se coaduna com diferenças entre jurisdições, exigindo portanto um elevado grau de harmonização.

Empresas transnacionais que comercializam total ou parcialmente *online* necessitam de regras globais, deste modo, *de lege ferenda* seria aconselhável um Tratado multilateral. A ideia de uma Convenção multilateral consagrada à tributação internacional foi várias vezes formulada tanto num âmbito regional como mundial[160], no entanto, nunca a economia apresentou o nível de globalização dos dias de hoje. A OCDE por exemplo, com a autoridade que possui e com o prestígio e poder de influência de que goza mesmo entre Estados não membros, poderia promover tal iniciativa. Sem dúvida que este não tem sido o papel tradicional da OCDE (harmonização através de Convenções bilaterais baseados na Convenção Modelo), mas o que se postula não é o redesenhar de um sistema fiscal internacional inteiramente novo, mas antes o reconhecimento das especificidades colocadas pela recente revolução no mundo empresarial.

Uma Convenção multilateral que servisse uma economia global deveria incorporar um conjunto de regras com vista à aproximação do tratamento fiscal conferido às empresas transnacionais. Tal Tratado deveria consolidar um limiar global de responsabilidade tributária no que diz respeito à tributação na fonte que respeitasse a teleologia do conceito de estabelecimento estável e não incluísse no seu espectro mecanismos meramente técnicos e realidades meramente etéreas como *servers* ou *Web sites*[161].

---

[160] Ver neste sentido RICHARD MUSGRAVE e PEGGY MUSGRAVE, *op. cit.*, p. 79, «tax treaty formulation should not be left to purely bilateral agreements. An international agreed-upon framework, analogous to the GATT rules for treatment of commodity taxes, is called for»; e NILS MATTSSON "Multilateral Tax Treaties – A Model for The Future?", *Intertax*, V. 28, Issue 8-9, 2000, pp. 301 e ss.. Defendendo uma Convenção multilateral para a região Ásia-Pacífico, Richard J. Vann, "A Model Tax Treaty for The Asian Pacific Region?", (Parte II), *International Bureau of Fiscal Documentation Bulletin*, V. 45, N.º 4, pp. 151 e ss..

[161] Outra vantagem de uma definição global de estabelecimento estável será evitar as situações em que pelo facto de dois Estados contratantes estarem em contacto com

Adicionalmente, como o conceito de residência não deve permanecer puramente geográfico, apenas uma perspectiva global quanto ao mesmo possibilitará a aplicação prática dos factores de conexão adicionais que permitem determinar um vinculo económico substancial na era do comércio electrónico. Além do mais, uma definição de residente acordada internacionalmente obstaria a que os países cujo sistema fiscal assenta exclusivamente na fonte (apenas tributam o rendimento com origem nas suas fronteiras físicas)[162] percam a sua percentagem de rendimento fiscal derivado dos impostos directos.

O consenso internacional seria ainda importante para implementar um sistema fiscal internacional que coordenasse a aplicação dos impostos indirectos, de forma a conferirem a referida compensação aos Estados da fonte pela erosão da sua base de tributação no contexto do comércio electrónico e para garantir a eficiência dadas as dificuldades técnicas actuais em tributar os consumidores finais no âmbito destes impostos.

Neste contexto é ainda de particular importância um esforço global e coordenado, unicamente atingível através de um Tratado multilateral, relativamente à troca de informação entre as administrações fiscais, à auditoria fiscal e ao desenvolvimento de meios tecnológicos que permitam identificar as transacções e auxiliem na cobrança dos impostos. Do mesmo modo, um combate global contra a concorrência fiscal desleal atingirá resultados mais eficazes. Assim, a integração e cooperação entre sistemas tributários e entre administrações fiscais são igualmente um factor chave para evitar decisões económicas puramente baseadas em factores de ordem fiscal.

Por outro lado, as novas estruturas empresariais, caracterizadas por um elevado nível de integração intra-empresa, ameaçam a aplicação dos mecanismos actuais de atribuição de lucros. Assim, nesta dimensão o

---

um terceiro Estado, é difícil apurar qual a definição de estabelecimento estável aplicável, visto os números 5 e 7 do Artigo 5.° da Convenção Modelo da OCDE apenas se referirem aos Estados contratantes (cf. JOHN AVERY-JONES, "Are Tax Treaties Necessary?", *Tax Law Review*, V. 53, N.° 1, 1999, p. 26.

[162] Países como Hong-Kong e vários outros do Sudeste Asiático. Sobre os desafios do comércio electrónico para a tributação em Hong-Kong ver YVONNE LAW, "E-Commerce and Taxation in Hong-Kong", *Tax Planning International E-Commerce*, V.1, N.° 10, 1999, pp. 13 e ss..

método de divisão do lucro global revela-se o mais adequado para lidar com as características deste tipo de mercado e muito provavelmente tornar-se-á a regra. Os assuntos relacionados com preços de transferência devem assim ser abordados numa perspectiva multilateral; é importante definir princípios de contabilidade comuns, harmonizar o cálculo dos lucros para efeitos fiscais e estabelecer parâmetros globais para aferir a funcionalidade de cada núcleo da empresa. Um passo em frente para facilitar a computação do lucro global e importante para que a funcionalidade de cada parte seja mais facilmente tomada em consideração.

É possível ainda que no futuro se adopte uma solução que passe pela tributação unitária ou aplicação de uma fórmula global para obviar às dificuldades em aplicar o princípio de plena concorrência a uma realidade em que as fronteiras físicas se esbatem[163]. No entanto, o contexto internacional está longe de providenciar consenso neste sentido e de qualquer modo este método não pondera a funcionalidade intrínseca a cada unidade que constitui uma empresa. Posto isto, será aconselhável desenvolver no estádio presente de circunstâncias o enquadramento legal global adequado à aplicação do método da divisão do lucro[164].

De facto, evoluir de uma realidade baseada em Convenções bilaterais e alcançar o consenso internacional será um longo processo e o facto de sempre existirem países fora do sistema que resultaria de um Tratado multilateral seria uma fonte de tensões. No entanto, sem objectivos definidos dificilmente surge a pré-disposição necessária para os prosseguir e alterar a ordem existente. Se os vários países não coordenam esforços e assumem uma perspectiva global face a uma realidade cada vez mais multi-jurisdicional, o novo mundo de possibilidades para a economia pode não passar de uma ténue promessa.

---

[163] A tributação uniforme e global é a tendência no que refere a realidades com um elevado grau de integração, pelo menos numa perspectiva teórica. Para uma proposta ao nível da União Europeia para um imposto sobre o rendimento europeu (*European Income Tax* – EUCIT), ver MALCOLM GAMMIE, "Corporate Taxation in Europe – Paths to a Solution" (*no prelo*), pp. 3 e ss..

[164] Outro importante avanço na tributação das multinacionais seria ponderar as vantagens que advém do aproveitamento do factor internalização por parte das mesmas. Desconsiderar este aspecto, estritamente económico, distorce o comportamento dos agentes económicos e portanto deveria ser alcançada uma solução de compromisso neste âmbito. A perspectiva mais adequada será uma visão global da actividade das empresas transnacionais que pondere os factores económicos, mesmo que o princípio de plena concorrência não seja aplicado na sua pureza.

V. CONCLUSÃO

A vontade de progresso em rumo ao futuro é uma das características mais intrínsecas à raça humana. Assim que a Humanidade descobriu a tecnologia logo a adoptou para o seu uso e comodidade. Logicamente o Direito não pode deixar de incorporar a evolução e o pulsar da própria sociedade, de preferência ao ritmo em que mudanças ocorrem, sendo precisamente este o caso do comércio electrónico que clama por uma urgente optimização do seu potencial e pelo desmantelar das barreiras legais.

Cada vez mais empresas se tornam multinacionais devido às características desta nova era das telecomunicações e por isso susceptíveis de interagirem com uma multiplicidade de jurisdições. Os novos meios tecnológicos ao seu dispor poderão implicar novas conexões relevantes para apurar uma presença tributária, sendo por isso indispensável definir com rigor quais os limites e os contornos da responsabilidade fiscal, de modo a implementar um clima de confiança e certeza, requisito fundamental para a prossecução de uma actividade económica.

Nas instâncias inter-governamentais, bem como ao nível interno de alguns Estados, a tendência é considerar meros meios técnicos possíveis estabelecimentos estáveis, colocando o limiar da responsabilidade fiscal em relação a uma dada jurisdição num mínimo vazio de significado. No entanto, tendo em conta que a aplicação dos princípios clássicos do Direito Internacional Fiscal se mantém, incluir realidades etéreas e facilmente manipuláveis como *servers* e *Web sites* no escopo da definição de estabelecimento estável subverte a *ratio legis* do conceito. Em caso algum a mera existência de um *server* ou de um *Web site* deve ser fundamento de imposto, o contrário é desconsiderar que a tributação do rendimento pressupõe um vínculo económico significativo com a jurisdição com direito a tributar.

Por outro lado, a erosão dos critérios de conexão fiscal reverte em novas oportunidades no campo da concorrência fiscal desleal e incentiva a proliferação de decisões de estratégia económica exclusivamente baseadas em factores de ordem fiscal. Concomitantemente, se a atribuição de lucros não se revela uma tarefa fácil no contexto do comércio electrónico, tentar alocar uma percentagem de lucro à actividade de meros meios técnicos implica uma dose intolerável de arbitrariedade.

Os critérios de divisão das receitas fiscais entre Estados fonte e Estados residência necessitam de ser revistos, mas a solução mais adequada não será subverter o conceito de estabelecimento estável. Uma realidade multi-jurisdicional implica uma abordagem multilateral e por isso urge obter o consenso internacional quanto à adaptação do sistema fiscal internacional à revolução do comércio electrónico.

As medidas de adaptação passam pela redefinição do conceito de residência de forma a incluir factores de conexão económica; pela adopção de um conjunto de regras que harmonizem a contabilização e a ponderação dos lucros para efeitos fiscais; pelo incentivo a novas formas de cooperação e à troca de informações entre as administrações tributárias; bem como pela consagração de medidas comuns contra os *Internet havens*. Por outro lado, ainda num plano internacional, é essencial a adaptação da tributação indirecta ao comércio electrónico, remetendo para esta o desempenho de um papel fundamental no equilíbrio das receitas tributárias entre os Estados fonte e os Estados residência.

Em suma, harmonização e cooperação são as duas grandes possíveis contribuições dos Estados para uma concorrência fiscal justa e para uma estrutura fiscal internacional coerente e adaptada aos desafios do comércio electrónico. Como disse o urbanista e escritor Americano LEWIS MUMFORD, «I am very optimistic about the possibilities but pessimistic about the probabilities». Mas equacionar as possibilidades é meio caminho para transformar as probabilidades em realidade.

A TRIBUTAÇÃO DO COMÉRCIO ELECTRÓNICO

ADÉRITO VAZ PINTO
(Assistente da Universidade Independente)

SUMÁRIO: 1. Introdução. 2. A origem da rede. 3. A nova forma de negociar. 4. O direito da electrónica. 5. A regulamentação internacional que existe. 6. Três problemas fundamentais que se levantam. 7. A aplicação do IVA ao comércio electrónico. 8. A tributação do rendimento derivado do comércio electrónico. 9. Conclusão.

1. Introdução

Um tema como o que nos propomos a tratar tem a vantagem de "ser novo" e o inconveniente de ser escassa a bibliografia nacional disponível. Dentro da regulação tributária do comércio por via da Internet apenas abordaremos as imposições e dentro destas especificamente os impostos sobre o consumo (nomeadamente IVA) e sobre o rendimento.

Comércio electrónico (ou *e-comerce*), como se refere no Livro Branco para o Comércio Electrónico em Portugal, são "todas as formas de transacção comercial que envolvam organizações ou indivíduos, baseadas no processamento de dados por via electrónica". No nosso país serão já 10 mil as empresas (2,6% das PME) a colocar os seus produtos no mercado por esta via, segundo a mesma fonte.

Sendo uma forma virtual de negociar, atinge já uma dimensão considerável; Apenas no segmento B2B (comércio electrónico entre empresas), estima-se que o volume de negócios se situe no final do corrente ano em 919 biliões de dólares. No ano 2005, esse volume deverá atingir 8,5 triliões de dólares. Estima-se igualmente que sejam já 50 milhões os utilizadores regulares da rede para fins comerciais[1]. As trocas por meio de Internet constituem uma nova maneira de negociar que se deve analisar em diversos planos ou segmentos e onde tudo é negociável: casas, carros, livros, discos, serviços financeiros, jurídicos, seguros, "know-how", software, viagens... A questão que se deve colocar é saber-se se as trocas por meio de Internet constituem um facto gerador de incidência impositiva. Tal como se define na Resolução n.º 94/99 do Conselho de Ministros, fiscalmente estas transacções devem equiparar-se às tradicionais pelo que as normas e princípios de incidência, lançamento, liquidação e cobrança lhe são aplicáveis. Numa primeira aproximação, o fenómeno impositivo está associado ao conteúdo da informação e não varia só porque se transacciona por este meio. Assim, a compra e venda em loja de um livro tributado em IVA, será igualmente tributado na encomenda electrónica e recepção por correio. O mesmo se passará na venda do direito de consultar o conteúdo do livro "on-line"? A resposta numa primeira aproximação parece dever ser positiva, ficando em aberto o problema da forma de tributar e métodos de controlo. Ainda numa primeira aproximação, a imposição não está ligada ao suporte, seja ele papel, CD-rom ou o "*bit*", mas ao conteúdo em si.

Não obstante, entre os meios de negociar tradicionais e virtuais, havendo analogias há igualmente diferenças e começam pela grande desmaterialização de documentos, conteúdos e riqueza e a inerente dificuldade de controlo. Sendo uma característica do Estado o exercício efectivo do poder tributário como condição de soberania, em face da crescente democratização da Internet e consequente alargamento do volume de trocas, teme-se a perda de controlo dessa capacidade de arrecadação.

Nestas comunicações há que destacar dois planos. Por um lado há a prestação de um serviço de telecomunicações e por outro há o conteúdo dessas comunicações. O fornecimento do acesso à comunicação remota e transferência de dados entre dois terminais ligados à linha telefónica, é em si um facto gerador; trata-se de uma prestação de serviços de telecomunicações (anote-se que se encontra em estudo a viabilidade tecnológica de essa transmissão se fazer também por cabos eléctricos, por via hertziana e via satélite). Aqui o facto gerador está associado a uma actividade empresarial, a saber, ao fornecimento de tecnologia e serviço telefónico, mas não ao conteúdo e volume da transmissão. O objecto do nosso estudo não incide sobre este fenómeno, mas apenas sobre os conteúdos negociais que

---

[1] Dados recolhidos em Rocha, Paulo, *Internautas compram mais na Internet,* Revista Exame Digital, ano II, ed. 17, 15 Fev., Netcie, S. Paulo, 2001.

se celebram na rede: compras e vendas, arrendamentos, alugueres, mútuos, empreitadas, etc. Estes podem assumir duas formas: Uma em que a Internet apenas serve como canal de negociação, conclusão e/ou pagamento do contrato seguindo-se-lhe uma remessa física (a venda do livro com remessa à cobrança) ou em que o fornecimento do bem se efectua pela própria rede (a venda de um software que é descarregado directamente de um "web site" onde não há qualquer materialidade).

2. A origem da rede

Aquilo que hoje se designa por Internet, é um sistema mundial de comunicações sem dono, totalmente aberto, que usa como meio de transmissão de dados entre terminais as linhas telefónicas, proporcionando um conjunto ilimitado de multiligações a um número aberto de pessoas ligadas em rede que comunicam a um custo reduzido, independentemente da distância[2].

Nos Estados Unidos, nos anos 60, no auge da guerra fria, criou-se a ARPA – Advanced Research Projects Agency. Tratava-se de um grupo de investigação encarregado de conseguir um sistema de comunicação remoto entre terminais de computador a partilhar por estabelecimentos de ensino e investigação e como forma de diversificar os meios de comunicação militares caso os existentes fossem destruídos por um ataque do bloco de leste. A primeira comunicação em rede ocorreu em 1969 e ligou quatro computadores em pontos geográficos diferentes. A democratização da rede exigia "auto-estradas" difundidas e elas já existiam – as linhas telefónicas. Na altura, como ainda hoje cada computador pode falar uma língua diferente dos demais. Criou-se então um aparelho a colocar entre o computador e a linha telefónica que comuta a linguagem analógica das linhas telefónicas em linguagem digital que o computador entende nos "inputs" e o contrário nos "outputs". É essa a função dos *modems* (modeladores/desmoduladores).

A evolução passou nos anos 70 e 80 pela criação de redes autónomas em escolas, edifícios até à altura em que estas sub-redes foram ligadas entre si – daí que a Internet seja uma rede de redes.

A circulação da informação tem por base algoritmos de encaminhamento que funcionam como um endereço e algoritmos de transmissão

[2] Definição desenvolvida a partir da apresentada em *Federal Networking Council* http://www.i-biznet.com.br/intg/intg20000930153406.asp *consultado a 7 de Junho de 2001, às 10h30.*

aos quais cabe transportar a mensagem desde o ponto de emissão até ao destino querido, procurando o caminho mais curto e eficiente, repartindo e encaminhando cada parte da mensagem por canais diferentes se for caso disso (sistema de comunicação por pacotes)[3].

A rede atravessa fronteiras geográficas, sociais e políticas, permitindo a circulação da riqueza desmaterializada de um qualquer ponto do mundo para outro instantaneamente. As vantagens económicas apresentadas são vastas, desde o baixo custo de comunicação, redução nos custos de produção e armazenagem, maior eficiência na gestão de stocks, abolição de intermediários, etc. Também apresenta problemas: a segurança e confidencialidade dos dados introduzidos no sistema, fiabilidade nos meios de pagamento, protecção dos direitos de autor (alguns destes problemas já encontram resposta na EU no âmbito da Directiva 2000/31/CE a ser transposta até 17 de Janeiro de 2003 pelos Estados Membros) e fuga às imposições.

A vertente comercial da rede enquanto meio que permite colocar produtos no mercado surge a partir de 1989.

3. A nova forma de negociar

O homem, ser social por natureza, carece de viver organizadamente por imperativos de convivência, sobrevivência e desenvolvimento; essa necessidade tem o seu custo. No passado liberal reduzia-se às valências de organização das estruturas comunitárias, de defesa e justiça. Alargaram-se entretanto e continuam a alargar-se à medida que se enriquece o conceito de bem estar, fértil em necessidades que se entende dever ser o estado a satisfazer. Este só o pode fazer aumentando as receitas, sendo certo que o imposto pode ter outras finalidades tais como indução de comportamentos e redistribuição da riqueza (a extrafiscalidade)[4].

A fiscalidade é por isso a base da soberania das nações; sem receitas o Estado não pode pôr em prática as suas políticas.

A Internet, podendo ela própria ser um negócio é sobretudo um canal de negócios, uma forma de colocar produtos no mercado. Não se sobrepõe

---

[3] BRUNNER, Laurel e JERETIC, Toran, *Internet para principiantes*, publicações D. Quixote, Lisboa, 1998, pp. 4 a 52 e também em www.i-biznet.com.br/intg /intg20001003220914.asp, consultada a 7 de Junho às 11H00.

[4] MESTRES, Magin Pout, *Os impostos*, Editora Salvat de Grandes Temas, Barcelona, 1979 pp. 8 a 31.

à "velha economia", pois não substitui as fabricas e indústrias. Abre apenas um vasto mercado onde os operadores económicos se encontram e transaccionam.

O termo comércio electrónico é amplo. Abrange diferentes modelos ou segmentos de negociação, consoante a categoria dos operadores em presença e o sentido das transacções que se efectuam. Fala-se assim em:

B2B – Business-to-Business
B2C – Business-to-Consumer
B2E – Business-to-Employee
B2A – Business-to-Administration
A2B – Administration-to-Business
C2B – Consumer-to-Business
C2C – Consumer-to-Consumer, etc[5]

Os problemas fiscais são diferentes consoante o segmento em causa, pelo que não pode ser objectivo deste artigo esgotar o tema. Essencialmente debruçar-nos-emos sobre as vertentes B2B e B2C.

Se por um lado o estado de evolução da comunidade internacional exige cada vez mais políticas fiscais concertadas, a base do problema reside em que esta rede de redes não tem uma entidade que a controle, nem o sistema de circulação da informação permite um controlo eficaz; não tem um dono, nem um regulador, não conhece barreiras físicas, elimina intermediários que antes se interpunham entre operadores; a desmaterialização da riqueza e documentos vem colocar novos desafios às administrações tributárias pois uma das consequências do comércio electrónico é desde logo a dificuldade em controlar as transacções e determinar o estado credor do imposto.

4. O direito da electrónica

A regulamentação fiscal do comércio electrónico insere-se numa realidade mais vasta que hoje é, senão já um ramo de direito instituído, pelo menos em emergência – o Direito das Telecomunicações e como subramo deste, temos o direito da electrónica. Como já se disse, os suportes

[5] ANTUNES, Francisco, *Comércio Electrónico: Ter valor... ou não ter nada*, Infoeuropa – Boletim informativo do Euro Info Centre Algarve, n.º 33 – ed. Especial, Dezembro, 2000, p. 16.

electrónicos estão a levar a níveis nunca vistos a desmaterialização da riqueza. Tanto que com o acesso ao computador o trabalho da Administração fiscal cada vez deixa mais de ser uma actividade burocrática e inspectiva de documentos para ser substituída por pedidos de acesso a bases de dados.

Do direito electrónico com relevância fiscal é importante referir o DL 290-D/99 de 2 de Agosto relativo à validade, eficácia e valor probatório de documentos electrónicos e assinatura digital; Lei n.º 67/98 de 26 de Outubro – lei de protecção de dados pessoais e DL 375/99 de 18 de Setembro que define o regime aplicável à factura electrónica e sua equiparação com a de papel. Há ainda a assinalar as Resoluções do Conselho de Ministros n.º 115/98 de 1 de Setembro que criou a Iniciativa Nacional para o Comércio Electrónico e nº 94/99 de 25 de Agosto que desenvolveu e actualizou a anterior. Nestas Resoluções estabelecem-se os princípios gerais de regulamentação desta forma de comerciar. Aí se define que a intervenção do Estado tem caracter subsidiário em relação à iniciativa privada à qual cabe desenvolver o *e-comerce* ao mesmo tempo que aponta alguma legislação que carece de ser reformulada nomeadamente quanto à protecção do consumidor, protecção de dados, etc.

Em matéria fiscal consagrou três grandes princípios orientadores transpondo o que já se fixou internacionalmente no âmbito da OCDE, a saber:

1. Princípio da neutralidade no sentido de que qualquer transacção electrónica é tributada de igual forma que a transacção tradicional. Proíbe qualquer tratamento positivo ou negativo excepcional. No entanto, como se trata de um meio global de fazer negócios, qualquer legislação a adoptar terá que assentar na cooperação internacional sob pena de se criarem duplas tributações ou fenómenos de concorrência fiscal, distorcendo o mercado. Para que a neutralidade seja absoluta exige métodos de combate à evasão eficazes.

A neutralidade implica não só a tributação igual do comércio electrónico incluindo ao nível dos controlos aduaneiros, mas também a proibição de se criarem novos impostos (tais como sobre a quantidade de *bits* transmitidos)[6].

2. Princípio da Subsidariedade ou intervenção residual do Estado que se reflecte em evitar excesso de regulamentação e consequentemente per-

---

[6] ALTAMIRANO, Alejandro, La tributación Directa ante el comercio electrónico y la fiscalización de las operaciones desarrolladas a través de Internet, Revista de Ciência e Técnica Fiscal, nº 397, Lisboa, 2000, pp. 43 e 44.

mitir um rápido florescimento deste canal de negócios. Minimizar as restrições tem sido também a palavra de ordem internacional. No âmbito da OMC e do seu antecessor (GATT) discute-se sobre a supressão de todas as barreiras à circulação comercial o que nos leva a uma curiosa conclusão: é que se por um lado os Estados proclamam querer eliminar progressivamente as barreiras alfandegárias, por outro essas barreiras são necessárias não só para obter receitas como fundamentalmente para proteger os produtores internos no caso de estes serem menos concorrenciais.

3. Principio da prevalência da substância sobre a forma o que faz entrar em crise os conceitos clássicos dos requisitos de forma dos contratos. Para efeitos fiscais conta o conteúdo material do negócio e não a denominação que lhe foi atribuída pelas partes.

5. A regulamentação internacional que existe

As transacções pela Internet, além de terem que se diferenciar quanto aos segmentos também se diferenciam quanto ao seu caracter geográfico. Nas transacções internas o problema que se põe é apenas de fiscalização; se a transacção é internacional, se aumentam as dificuldades de fiscalização também é preciso saber com exactidão como e onde deve ocorrer a tributação. É neste âmbito que se colocam novos desafios aos critérios de tributação do comércio internacional definidos desde de 1947 no seio do GATT. No âmbito dos tratados de Marraqueche que concluíram o Uruguay Round em 1994 o comércio electrónico ficou com tratamento equivalente à contratação à distância[7]. Bem se vê qual a fragilidade desta construção: a eficácia da regulamentação das "vendas à distância" exige uma entrega material; não se previu a expansão das transacções a bens intangíveis tais como o "*download*" de um *software* directamente da Internet, de música, de livros, filmes, tecnologia, serviços financeiros, de acessoria e aconselhamento, consultoria jurídica, etc, etc, em que o pagamento pode ser igualmente electrónico. São situações que não se enquadram na regulamentação das "vendas à distância" e sobre as quais há um vazio legal na legislação fiscal. É esta "desregulamentação" que, atendendo à tipicidade das normas fiscais que impede inclusivamente a sua

[7] GOYOS, Duval de Noronha, *A regulamentação internacional do comercio electrónico in* www.noronhaadvogados.com.br/art39dtp.htm consultado a 25 de Maio às 15H00.

aplicação analógica que inviabiliza a tributação; e é nesta situação que nos encontramos hoje, plasmada numa declaração de 1997 da OMC onde se afirma que a título transitório se opta por não tributar as transacções electrónicas de bens imateriais[8], posição reafirmada na Conferência Ministerial de Seatle (EUA) na Ronda do Milénio, tal como já se antevia num documento de 1998 do Comité de Assuntos Fiscais da OCDE argumentando-se que o livre comércio pela Internet é condição da própria expansão da rede.

Esta situação é do interesse dos países desenvolvidos mas conta com a oposição do mundo subdesenvolvido mas sem que tenha merecido vencimento. É uma opção deliberada que se justifica por impossibilidade prática de fiscalização e como estímulo ao crescimento do *e-comerce* e que se manterá pelo menos até à próxima reunião da Conferência Ministerial. A regulamentação internacional cinge-se por isso às questões obrigacionais, documentos electrónicos, assinatura digital, direitos de autor, protecção do consumidor, privacidade. Esta situação sofre algumas alterações na UE como adiante veremos.

No documento da OCDE de 98 a que fizemos referência fixaram-se as bases fiscais internacionais do *e-comerce*. Aí se recomenda que qualquer regulamentação futura terá que passar por uma cooperação ou consulta mútua entre os Estados para evitar quer a dupla tributação quer a concorrência fiscal negativa entre jurisdições. Também ali se fixaram os princípios da intervenção estatal subsidiária, neutralidade, eficiência, certeza, simplicidade, segurança, rejeição de qualquer limitação à circulação de conteúdos, de que o fornecimento de produtos digitalizados não deve ser tratada como fornecimento de bens materiais e se opta pela não tributação; na tributação do consumo como princípio geral esta deverá ocorrer no lugar onde o consumo ocorre[9].

6. Três problemas fundamentais que se levantam

A Internet além do negócio que ela própria representa é no fundo apenas um canal onde se fazem negócios com características próprias como o não conhecer fronteiras o que a universaliza. Nessa medida tam-

---

[8] GOYOS, Duval de Noronha, ob. cit..

[9] O documento em causa: *Electronic Commerce: Taxation Framework Conditions*, apresentado em Ottawa em 1998 e pode ser consultado em www.oecd.org/daf/fa/e_com /public_release.htm visto a 15 de Maio às 18H00.

bém a regulamentação jurídica impositiva terá que pensar-se do ponto de vista internacional[10]. A primeira consequência de tudo o que se tem dito é o risco de erosão do poder tributário do Estado e os conflitos que surgem para determinar qual é a jurisdição credora do imposto (suponha-se uma empresa com sede na Holanda, que tem uma unidade fabril na Alemanha tem uma loja virtual num computador em Espanha, ligado a um servidor português. Onde é devido o Imposto pelas vendas da loja?).

Qualquer incursão sobre o tema, exige previamente saber do que falamos. Adoptamos aqui a seguinte definição para **comércio electrónico ou *e-comerce*: é a capacidade para realizar operações comerciais, transaccionando qualquer tipo de bens ou serviços entre dois ou mais sujeitos situados na mesma ou em diferentes jurisdições, utilizando para tal terminais que permitem aceder e intervir na Internet**[11].

Os problemas que iremos abordar neste artigo são essencialmente três:

1) Qual a jurisdição credora do imposto?
2) Como se fiscaliza?
3) Quais as imposições aplicáveis a esta forma de comerciar?

1. Dada a natureza internacional da Internet qual ou quais as jurisdições tributárias onde é devido imposto?

A deslocalização de sujeitos passivos para jurisdições de baixa tributação aliada ao anonimato permitido pela circulação *on line* e à falta de capacidade efectiva de fiscalização, são factores que podem num futuro próximo pôr em causa a base das imposições atendendo às expectativas de forte crescimento das transacções por esta via.

Suponhamos no caso da empresa holandesa acima referida que a encomenda é feita na sua *web page*. Há pelo menos 4 jurisdições que têm um ponto de contacto importante com a transacção pelo que potencialmente podem as 4 reclamar imposto sobre o consumo.

---

[10] MARTINS, Inês Gaudra da Silva, *Direitos e Deveres no novo mundo da comunicação – da comunicação clássica à electrónica*, Stvdia Ivridica, nº 40, Coimbra, 1999, p. 118.

[11] Esta definição tem por base a oferecida pelo Departamento do Tesouro dos Estados Unidos citada em ALTAMIRANO, Alejandro, ob. cit., p. 15, que alteramos em certos pontos nomeadamente quanto aos meios de acesso à rede que hoje não tem que ser necessariamente o computador; com efeito é já suficiente um telemóvel, a televisão, etc.

A Internet apresenta a espantosa facilidade de em segundos se sair de um país e entrar noutro e aí comprar ou vender. Para já surge como segura a ideia avançada pela OCDE que qualquer regulamentação tributária num país, só terá eficácia se tomada num quadro de cooperação internacional a qual em primeiro lugar terá de definir de entre as jurisdições que entram em contacto com a operação, um ponto que se privilegiará a cuja jurisdição será devido o imposto. A OCDE como se viu, tem apontado que esse privilegiamento deve recair sobre o lugar de consumo[12]. Esta opção de tributar no local de consumo em detrimento da fonte de proveniência do bem justifica-se pela dificuldade e até impossibilidade de determinar com rigor a fonte da utilidade, para além de que a fonte de um produto complexo podem ser várias. Sobre este ponto Alejandro Altamirano discorda em se desprezar completamente o lugar onde a riqueza se gerou, não só por ser de um critério com consolidação internacional mas também porque os problemas apontados ao critério das fontes, também se podem verificar quanto ao lugar de consumo[13]. Parece-nos ter este autor razão no que diz nomeadamente para evitar vazios legais.

Qualquer regulamentação não pode passar por se cercear o acesso à rede, por ex. limitando-a às fronteiras de um país pois tal representaria uma "interrupção de comunicações sem barreiras, sendo uma importante e intolerável restrição à liberdade de comunicação"[14], em Portugal protegido como Direito Fundamental de primeira ordem pelo art. 37º n.º 1 e 2 CRP.

Dito de outro modo, o *e-comerce* vem pôr ainda mais em causa a territorialidade dos impostos segundo o qual "cada Estado considera-se competente para tributar toda a matéria colectável que tenha consigo um qualquer ponto de contacto"[15], nomeadamente quando em causa estão a livre circulação de capitais e serviços. Como bem nota Leite de Campos a Internet não é apenas uma rede de comunicações que permite recolher e emitir dados, é ela própria um gigantesco mercado onde se encontram operadores[16].

---

[12] *Electronic Commerce: Taxation Framework Conditions*, apresentado em Ottawa em 1998 e pode ser consultado em www.oecd.org/daf/fa/e_com/public_release.htm, consultado a 15 de Maio de 2001, às 18h00.

[13] ALTAMIRANO, Alejandro, ob. cit., p. 47.

[14] Como já se decidiu judicialmente em vários países como EUA, Argentina, conforme referido por ALTAMIRANO, Alejandro, ob. cit., p. 18 e 19.

[15] CAMPOS, Diogo Leite de, "*A Internet e o princípio da territorialidade dos impostos*", Revista da Ordem dos Advogados (ROA), ano 58, Jul., Lisboa, 1998, p. 639.

[16] CAMPOS, Diogo Leite de, ob. cit., p. 641.

No âmbito da União Europeia já se deram alguns passos no que diz respeito ao IVA numa proposta de Directiva que pretende alterar a actual sexta Directiva sobre o IVA – DIR 77/388/CEE que adiante se verá com mais pormenor. Aí propõe-se o seguinte modelo prático de tributação em sede de IVA:

- Tratando-se de transacções de bens tangíveis, aplica-se o regime actual da sexta Directiva.
- Tratando-se de bens intangíveis os fornecimentos passam a ser tratados como prestações de serviços. Aqui:
- Relativamente a serviços prestados por um operador estabelecido fora da UE a um destinatário estabelecido na UE, o lugar da tributação será o do destino.
- Se o fornecedor estiver estabelecido na UE e o destinatário estiver estabelecido fora da UE, o lugar da tributação é o do destinatário e como tal a prestação em causa não está sujeita a qualquer tributação na UE.
- Se um operador da EU prestar serviços a outro que seja sujeito passivo de IVA estabelecido noutro Estado Membro, será devido imposto no lugar onde o destinatário estiver estabelecido.
- Se o mesmo operador prestar serviços a um particular estabelecido noutro Estado Membro ou a um não sujeito passivo do mesmo Estado Membro, será devido imposto no lugar onde o prestador se encontra estabelecido.

Um outro problema a ter em conta em transacções deslocalizadas por natureza, prende-se com a concorrência fiscal entre as jurisdições pois a Internet potencia fortemente a liberdade de circulação dos factores de produção entre diferentes jurisdições.

Sabe-se hoje que não é difícil nem caro constituir uma empresa num qualquer ponto do mundo sem nunca lá ir assim como abrir e movimentar contas bancárias. Isso leva a que facilmente se possam deslocar de jurisdição actividades tributáveis o que constitui uma externalidade a ter em conta pelos diferentes Estados na definição da sua política Fiscal. A consequência é a diminuição "das bases tributáveis, distorcendo padrões de comércio e investimento, minando a equidade, neutralidade e aceitação social dos sistemas fiscais"[17]. A Internet ao permitir métodos de gestão

[17] OCDE, Tax Avoidance and Evasion, *in* www.oecd.org/daf/fa/EVASION/EVASION.HTM consultado a 22 de Maio às 17H30 e ver ainda OCDE, *Harmful Tax Com-*

conjuntos a partir de vários pontos do mundo (por exemplo por video--conferência) introduz igualmente fragilidades ao conceito de residência (o art. 2° n° 3 CRIC considera residente a entidade com sede ou direcção efectiva em Portugal o que é um conceito inoperatório para a situação descrita).

2. Sobre a fiscalização, há também que distinguir as duas vertentes: O comércio electrónico indirecto no qual se contrata on-line mas a que se segue a entrega física da mercadoria e o comércio electrónico directo que compreende as transacções e entrega em tempo real *on-line* mediante envio de dados, *download* de música, software, transferência de fundos, operações de bolsa, etc.[18] e é nesta segunda vertente que os problemas de fiscalização mais se fazem sentir dadas as maiores facilidades de os contribuintes se subtraírem com êxito à imposição. A subtracção às imposições pode ocorrer na nossa perspectiva de duas formas: legal ou ilegalmente.

Ocorre ilegalmente quando o contribuinte pratica actos ilícitos, falsificando documentos, contas, negoceia clandestinamente, etc (fraude fiscal). Ocorre licitamente nas seguintes situações: quando é propósito do legislador que não se pague imposto ou se pague menos, estabelecendo isenções, deduções específicas e à colecta, abatimentos, reporte de prejuízos, zonas francas e *off-shore*, etc ou quando, atendendo aos princípios da legalidade e tipicidade dos impostos que impedem a sua aplicação analógica, o contribuinte realiza um negócio não previsto numa norma fiscal ou quando o contribuinte procede a uma redução contabilística do lucro tributável[19]. Estas possibilidades legais de subtracção não podem ser usadas de forma abusiva e ela ocorre quando, se fazem certos negócios reais (não simulados), mas com anomalias porque têm como fim último ou principal a distracção da aplicação das normas tributárias. Estas práticas abusivas do direito à poupança fiscal são conhecidas e reprimidas pela lei – arts. 58° e ss CIRC e 38° LGT. Esta última estabelece uma clausula geral antiabuso, sancionando tais negócios com a ineficácia jurídica; sem por em causa o princípio geral da liberdade contratual e do direito de cada um actuar da maneira que melhor corresponda aos seus interesses, essa actuação não

petition: An Emerging Global Issue, Paris, 1998. De referir que a OCDE se encontra em negociações com diferentes estados de regime fiscal privilegiado para por cobro à deslocalização fictícia de actividades para imputação de lucros.

[18] CAMPOS, Diogo Leite de, ob. cit., p. 641.

[19] Sobre os dois últimos pontos para mais desenvolvimentos SANCHES, J. L. Saldanha, *A Quantificação da Obrigação Tributária – Deveres de Cooperação, Autoavaliação e Avaliação Administrativa*, LEX, Lisboa, 2000.

pode no entanto elidir a carga fiscal mediante o uso anormal das formas de contratar usuais com o propósito de colocar as transacções fora da incidência fiscal. Se estas práticas não fossem reprimidas era o próprio princípio da igualdade tributária que ficaria posto em causa. Estes problemas põem-se com especial interesse no comércio electrónico e foi motivo para o legislador nacional e internacional ter proclamado como um dos princípios orientadores o da prevalência da substância sobre a forma, i. e., perante uma prática que é legal mas se suspeita ser abusiva, atender-se-á ao conteúdo económico da transacção e não á forma jurídica que lhe é dada pelas partes.

Nesta sequência, suponhamos o empresário A que fabrica calçado tendo uma unidade fabril em Trás-os-Montes. Constitui uma holding de controlo numa jurisdição de baixa tributação com a finalidade de lhe imputar lucros.

Dadas as dificuldades de obter a cooperação desses países aliado ao forte sigilo bancário que ali vigora, tem-se assistido a um movimento generalizado internacional de adiantar a tributação sobre as sociedades estrangeiras passando os seus accionistas a ser sujeitos passivos do imposto, e não as sociedades, pelo lucro que obtenham nas actividades desenvolvidas. Isto ocorrerá quando os nacionais de um Estado controlam ou detêm uma parcela significativa dessa sociedade estrangeira, que essa sociedade esteja a coberto de uma jurisdição fiscal privilegiada e quando a existência dessa sociedade se destine única ou principalmente a evitar a tributação nacional.

Uma zona de baixa tributação segundo a OCDE "é uma jurisdição que se torna activamente disponível para evitar a tributação que de outro modo seria devida em países de impostos relativamente mais elevados" os quais apresentam em regra as seguintes características:

- Impostos baixos ou nulos sobre os rendimentos de capital
- Sigilo bancário e comercial elevado
- Falta de controlo sobre depósitos bancários em moeda estrangeira
- Tecnologias de comunicação muito evoluídas
- Que não sejam partes em convenções internacionais para evitar dupla tributação ou se mostrem indisponíveis para trocar informação
- Sistemas políticos estáveis

Em Portugal entende-se que uma empresa estrangeira a operar cá está instalada numa jurisdição fiscal privilegiada quando a taxa efectiva de tributação a que fica sujeita nesse Estado é igual ou inferior a 60% da taxa de IRC a que ficaria submetida em Portugal.

É tipicamente uma forma de evitar a tributação nacional sobre o rendimento, a constituição de empresas subsidiárias sediadas numa jurisdição fiscal privilegiada destinada exclusivamente à compra de produtos à empresa de controlo sediada em Portugal para os revender em qualquer parte do mundo e inclusivamente em Portugal (na prática pode suceder que um comprador que more na rua ao lado da empresa, compre pela Internet à subsidiária daquela instalada numa zona franca). Nestes casos recorre-se à figura do adiantamento tributário.

Esta construção não é imune a certas críticas das quais se destacam duas:

- Desde logo porque é fácil aos investidores desencaminharem os rendimentos recebidos dessas sociedades. Basta para isso abrirem contas bancárias em bancos de países onde o sigilo bancário seja forte e mobilizar a partir daí os rendimentos obtidos.
- Mais que isso sucede não raras vezes que os países que criticam ferozmente as jurisdições de baixa tributação, são os primeiros interessados na sua existência para tornarem mais competitivas as suas exportações; é exemplo típico os Estados Unidos conforme provou a União Europeia no seio da OMC[20].

No âmbito da sexta Directiva sobre o IVA na UE para dissuadir a fraude e o abuso estabelecem-se gravosas penalizações por incumprimento das obrigações, a dívida fiscal é exigível em qualquer Estado Membro e os proprietários e gestores podem ser responsabilizados civil e penalmente pelas dívidas.

Outra questão de interesse que se levanta neste capítulo é a seguinte: um estado enquanto sujeito activo da relação jurídica tributária, pode exigir ao ISP (Internet Service Provider) informações sobre o conteúdo das comunicações dos seus clientes para controlo fiscal?

A resposta parece-nos ter que ser negativa. Essencialmente porque o provedor de acesso não é sujeito passivo da relação tributária nos negócios jurídicos celebrados pelos seus clientes; i. e., o facto gerador de que o ISP

[20] Nesse sentido GUERREIRO, Tiago Caiado, *As normas anti-abuso gerais e especiais e o comércio electrónico. Algumas considerações*, em www.gesbanha.pt/fisc/tribut.htm consultado dia 23 de Maio às 14h30.

é devedor é apenas relacionado com os serviços de telecomunicações que presta dando e mantendo o acesso à Internet. Serviços de telecomunicações conforme se define no art. 2° da Lei de Bases das Telecomunicações – LBT (Lei n° 91/97 de 1 de Agosto), é a "transmissão, recepção ou emissão de sinais, representando símbolos, escrita, imagens, sons ou informações de qualquer natureza por fios, por sistemas ópticas, por meios radioeléctricos ou por outros sistemas electromagnéticos". Os ISP especializaram-se na prestação de serviços de telemática ou processamento computacional de dados à distância que é em si uma actividade económica.

Mas não são devedores de qualquer imposição relacionada com o conteúdo das comunicações de som, imagem e dados dos seus clientes. É certo que a administração fiscal pode elevar à categoria de agente de informação certas entidades que, em virtude das funções que exercem têm um acesso privilegiado à informação, podendo facultá-la ao fisco com o propósito de fiscalização. Há no entanto que atender a que, circula na rede toda a espécie de informação e tecnicamente **não é hoje possível** separar o que é informação comercial com relevância fiscal, da que não é, nomeadamente da informação que diga respeito à esfera de privacidade das pessoas. Na verdade, a forma corrente de encomenda, seja enviando um e-mail a partir de uma conta de correio electrónico, seja acedendo a um *web site* do vendedor e aí utilizar *links* que permitem encomendar, deve considerar-se como vulgar correspondência, ficando o seu conteúdo coberto pelo respectivo sigilo, apenas se podendo quebrar nos casos já hoje tipificados, nomeadamente para efeitos de escuta (art. 187° n.° 1 CPP). Nestes termos a conclusão não pode ser outra que a não validade de transformar o ISP em agente de informação fiscal[21].

À mesma conclusão nos parece ter que chegar quando for tecnicamente possível assegurar uma separação dos conteúdos que possam interessar fiscalmente. É que os ISP prestam materialmente um serviço de comunicações tal como se define na LBT e estarão sempre a coberto do respectivo sigilo.

3. Que tipo de imposições são de aplicar ao comércio electrónico?

A Internet está a levar a níveis nunca antes vistos a globalização das economias, alargando os mercados e a concorrência. Paradoxalmente con-

---

21 Nesse sentido ALTAMIRANO, Alejandro, ob. cit., p. 38 e 39.

stitui uma nova oportunidade para as economias periféricas e PME dada a eliminação das distâncias geográficas como factor de influência na decisão de compra. Para qualquer empresa o mercado potencial passa a ser assim todo o mundo com acesso à rede passando a ter ao seu alcance mercado que antes não tinha.

O grande desafio que se coloca às administrações fiscais é maximizar o potencial comercial da Internet sem que isso leve à erosão das bases tributárias, atendendo ao complexo sistema de garantias que qualquer modelo de controlo tem que respeitar[22], sendo certo que em si, a rede é ingovernada e em crescimento constante, estando em todo o lado mas sem ter um nexo territorial claro com qualquer estado.

Neste âmbito surge um conjunto importante de problemas com que as administrações fiscais de debatem:

a) Já nos referimos atrás à concorrência fiscal. A decisão de localização de investimento, actividade e emprego são sensíveis à carga fiscal. A fácil mobilidade da riqueza põe agora em concorrência soberanias. Os agentes económicos podem inclusivamente separar os elementos tributários, localizando cada um deles onde o regime fiscal for mais favorável, pondo em causa a equidade e a eficácia dos sistemas fiscais[23].

b) Nos meios de pagamento, o surgimento do dinheiro electrónico permite hoje efectuar pagamentos em qualquer parte do mundo sem um suporte tangível incluindo sem cartão de crédito. Com efeito, é hoje possível abrir uma conta bancária em qualquer país por via electrónica e operar a partir dela; nem se pense que estas hipóteses são meramente académicas. Sobre essas contas só as jurisdições desses países têm controlo. Face a isto, poder-se-ia advogar a simples abolição do sigilo bancário. Só que a eficácia desta medida depende da adesão de um conjunto muito vasto de países o que está muito longe de ocorrer (sendo certo que no seio da OCDE vários Estados considerados "paraísos fiscais" estão a assumir alguns compromissos importantes de controlo), além de exigir que cada jurisdição disponha de uma base de dados que centralize todos os movimentos bancários, suficientemente potente para registar milhões de operações de muito baixo valor.

---

[22] ALTAMIRANO, Alejandro, ob. cit., p. 30.

[23] COMISSÃO EUROPEIA, *A política Fiscal da UE*, Serviço de Publicações Oficiais, Luxemburgo, 2000, p. 9.

A existência de contas bancárias no estrangeiro movimentáveis 24 horas por dia, apaga em definitivo qualquer rasto sobre negócios não documentados.

c) Outro problema posto às administrações fiscais é o anonimato permitido pela rede o que põe em causa os sistemas de retenção na fonte, o cumprimento de obrigações declarativas, etc.

As pessoas com quem se está a negociar são efectivamente quem afirmam ser? É a dúvida que se coloca tanto em vendedores como em compradores. Neste campo estão em implementação sistemas que oferecem graus de certeza, confiança e segurança razoáveis, nomeadamente recorrendo à assinatura digital, hoje considerado o método de identificação mais seguro, entre nós regulado pelo DL 290-D/99 de 2 de Agosto.

A assinatura digital, quando aposta num documento electrónico atribui-lhe o valor probatório de um documento particular assinado (art. 2° n.° 2 e 3 do diploma citado) possibilitando ao utente verificar a autenticidade da origem dos dados, bem como a sua integridade, i. e., se não foram entretanto alterados. A assinatura digital, no estado actual de conhecimentos, é feita com recursos a técnicas criptográficas algorítmicas, cuja base de cifragem e decifragem recorre a um sistema de dupla chave (uma pública e uma privada) assimétrica, em que uma mensagem codificada com uma chave pública só pode ser descodificada com a correspondente chave privada do destinatário e vice versa[24]. A autenticidade da identificação do signatário de uma assinatura digital é obtida com base num sistema de certificação por entidades certificadoras credenciadas pelo Estado (art. 3° n° 2 e 3 e art. 9° diploma citado), a qual funciona como um terceiro elemento de confiança que cria e assina certificados digitais os quais são a base de identificação digital e consequente segurança nas transacções electrónicas em redes abertas[25].

Fiscalmente ocorre aqui um processo semelhante à categoria dogmática dos crimes sem vítima; sendo certo que é do interesse dos operadores conhecerem com quem contratam, outros há em que os riscos ou o encontro de interesses compensa e então é o anonimato querido deliberadamente que "conspira contra a fiscalização tributária"[26].

---

[24] CARNEIRO, Henrique José e outros, *As leis do comércio electrónico*, Edições do Centro Atlântico, Lisboa, 2000, p. 13 e ss.

[25] Para explicações técnicas mais detalhadas, pode consultar-se o web site da Certipor, uma empresa certificadora em www.certipor.pt consultado dia 22 de Maio às 19H00.

[26] ALTAMIRANO, Alejandro, ob. cit., p. 34.

e) Um terceiro grande problema reside não só na desmaterialização da riqueza como da documentação. Tratando-se de bens tangíveis, aquando da expedição, têm de ser acompanhados das competentes guias. No entanto tratando-se de bens intangíveis, não há um mínimo de materialidade a acompanhá-los. O art. 115° n.° 5 CIRC obriga as empresas a guardar a documentação contabilística por 10 anos, só que, como nota Alejandro Altamirano "esta exigência está adaptada a um mundo de papeis mas é inaplicável ao mundo virtual"[27] que existe mas não existe na realidade sensitiva em que o único registo que existirá é electrónico e logo mais facilmente ocultável e adulterável.

f) No que ao IVA diz respeito um dos factores da sua eficácia é a auto-fiscalização que o sistema de intermediação permite. No *e-comerce* o encontro entre produtor e vendedor é imediato com a vantagem de eliminar do preço final os lucros dos intermediários. Mas, eliminando-se os intermediários fica posta em causa a colaboração preciosa (e gratuita!) que estes têm prestado aos Estados, funcionando, entre outras coisas, como seus fiscais.

Visto este conjunto de problemas preliminares que se colocam, vejamos agora as implicações que o comércio electrónico pode ter nas diferentes imposições de acordo com a limitação que traçamos, restringindo-nos aos impostos indirecto de tipo IVA e aos impostos sobre o rendimento.

7. A aplicação do IVA ao comércio electrónico

Também aqui o problema centra-se nas transacções sobre bens intangíveis. Aos restantes como já se frisou aplica-se o regime dos contratos à distância entre nós regulado pelo DL 143/2001 de 26 de Abril em vigor a partir de 26 de Junho, revogando o DL 272/87.

O problema está mais uma vez nos bens intangíveis e a questão tem que ser analisada sempre do ponto de vista da União Europeia e aí deparamos com a dificuldade já vista, da inaplicabilidade do IVA aos fornecimentos vindos do exterior. Analisemos as seguintes situações hipotéticas que retratam o estado actual da situação:

[27] ALTAMIRANO, Alejandro, ob. cit., p. 35.

Caso 1: um particular ou um sujeito passivo sem direito a dedução (bancos por ex.) português, encomenda um livro por Internet a uma livraria do Reino Unido. O IVA é pago no Reino Unido desde que o volume de negócios anual da livraria com Portugal não exceda certo montante. Se o exceder já será pago em Portugal.

Caso 2: Se em vez de comprar o livro em papel comprar o direito a fazer um *download* de um ficheiro com o conteúdo do mesmo livro, trata-se de uma prestação de serviços.

Caso 3: Na mesma transacção se o cliente é um sujeito passivo de IVA com direito a dedução, aplica-se o regime das transacções intracomunitárias e o IVA é pago cá.

Caso 4: se a livraria é de fora da UE e fornece um bem tangível e o comprador é sujeito passivo de IVA é este último o devedor de IVA na UE.

Caso 5: Se o mesmo bem for intangível então já se trata de uma prestação de serviços e não é devido qualquer imposto na UE (art. 9º nº 1 da Sexta Directiva sobre o IVA – DIR 77/388/CEE).

Caso 6: Mas se o vendedor estiver na UE, já deve IVA nas exportações quer seja por venda de bens tangíveis quer por prestações de serviços[28], o que bem se vê é um regime consideravelmente distorcedor da concorrência e com prejuízo para os operadores da UE.

É neste cenário que surgiu uma proposta de alteração à sexta Directiva em estudo desde 1997. No âmbito dos trabalhos preparatórios chegou-se à conclusão que a legislação existente era suficiente para garantir a tributação do comércio electrónico indirecto, i. e., aquela em que à encomenda feita pela Internet se seguirá a expedição da mercadoria; recebem o normal tratamento das <u>vendas à distância</u> em que os bens adquiridos em países terceiros são tributados aduaneiramente à entrada na União e as exportações são tributadas à taxa zero de IVA. Nas transacções intracomunitárias, nos fornecimentos a consumidores finais a tributação é feita ou no estado do vendedor ou do comprador consoante a importância em causa. O problema está nas transacções de bens intangíveis.

Sobre isto o ECOFIN reunido em 1998, tendo por base as propostas

[28] Estes e outros casos vêm exaustivamente analisados em: *A aplicação do IVA ao comércio electrónico*, em www.gesbanha.pt/fisc/tribut.htm, por nós consultado dia 23 de Maio às 14h30.

da Comissão adoptou três importantes princípios que condicionaram o desenvolvimento posterior da matéria, a saber:

- O principio da neutralidade fiscal já visto atrás na influência que teve na resolução do Conselho de Ministro português de 1999.
- As prestações de bens digitais devem considerar-se prestações de serviços para efeitos de IVA.
- As importações de bens digitais por consumidores finais devem ficar sujeitas a IVA tal como as importações de bens tangíveis.

Na mesma altura a OCDE no documento atrás analisado fixou o principio da tributação no lugar onde o consumo tem lugar afirmando igualmente que o fornecimento de produtos digitais são prestações de serviços e não prestação de bens dada a sua completa desmaterialidade.

A proposta de alteração foi adoptada na sequência do Conselho Europeu de Lisboa de 23 e 24 de Março de 2000, e pretende adequar o regime do IVA a todas as transacções pela Internet. Esta proposta de Directiva – Doc. 500PC0349/02 de 7 de Junho de 2000[29] pretende alterar o sexta Directiva sobre o IVA (DIR 77/388/CEE) e tem como objectivo genérico sujeitar a IVA os fornecimentos vindos do exterior da UE e isentar a exportação.

Como já atrás se disse, atendendo aos princípios da legalidade e taxatividade das normas fiscais não se previa na Sexta Directiva o tipo de transacções intangíveis que a Internet permite e de que se tem vindo a falar, o que leva à seguinte conclusão: Se esses fornecimentos se operarem intracomunitariamente ou para o exterior são tratados como normais prestações de serviços, sujeitos a IVA, no entanto se os mesmos fornecimentos vierem do exterior da UE já não ficam sujeitos a qualquer tributação, justamente porque nada está previsto no Direito Comunitário. Numa palavra, hoje nenhuma tributação incide sobre as prestações de serviços por fornecedores exteriores à UE a consumidores finais desta. Mas já são tributadas as prestações de serviços feitas por operadores da UE a adquirentes de países terceiros[30].

---

[29] O qual pode ser consultado em www.europa.eu.int/eur-lex/pt/com/dat/2000 /pt_500pc0349_02.html - a versão em causa foi consultada a 20 de Maio às 17H30.

[30] Estes problemas estão equacionados no Doc. XXI/98/0359 de 3 de Abril de 1998 em http://europa.eu.int/comm/dgs/taxation_customs/ por nós consultado a 20 de Maio às 19H00.

É este o quadro actual distorcedor do mercado que a proposta de Directiva pretende alterar, dando a essas prestações de bens digitais o mesmo tratamento fiscal que é dado às prestações de bens tangíveis, fazendo incidir sobre elas as taxas normais de IVA. Não sem antes referir que qualquer solução definitiva carece de um consenso internacional para evitar a dupla tributação e a não tributação involuntária, motivo pelo qual a proposta não deixa de ter em conta os princípios definidos do documento orientador da OCDE[31] os quais contam hoje com uma alargada base de apoio em todo o mundo por Estados, Organizações Internacionais e empresas. Essas alterações propostas traduzem-se num conjunto de soluções eminentemente práticas.

Assente-se desde já e em definitivo que a prestação de bens digitais deve considerar-se uma prestação de serviços para efeitos fiscais. Propõe-se como principio geral que se passe a cobrar IVA a todas os serviços prestados quer por operadores da União ou de fora dela passando a incidência a recair em todos os casos sobre o destinatário do bem e a jurisdição credora do imposto é aquela onde o adquirente tem estabelecimento estável, exerce a sua actividade económica ou onde tem domicílio ou residência habitual. Concretizando:

- aplica-se o sistema de autoliquidação nos casos em que o adquirente é um sujeito passivo, sendo ele o único obrigado ao imposto.
- Se se tratar de particulares ou sujeitos passivos sem direito a dedução, aplicam-se as regras já hoje em vigor no âmbito da Sexta Directiva: Se o prestador de serviços for de fora da UE e o volume de negócios anual não exceda 100 mil EUR com a união é devedor o destinatário da prestação à jurisdição onde resida. Se exceder, o prestador terá que registar-se num Estado-Membro, cumprindo todas as obrigações fiscais daí decorrentes pois passará a ter na UE um estabelecimento estável (conforme a proposta de alteração do art. 24º da Sexta Directiva). A este propósito introduzem-se um conjunto de medidas simplificadoras, por exemplo bastando registar-se num único Estado-Membro, de cumprir as obrigações fiscais por via electrónica, incluindo as contabilísticas, etc.

---

[31] O documento em causa é o que atrás se analisou, *Electronic commerce: Taxation Framework Conditions in* www.ocde.org/daf/fa/e_com/ottawa.htm, consultado a 15 de Maio de 2001, às 19h00.

– Quanto às prestações de bens digitais por fornecedores da UE ao exterior, são tributadas à taxa zero de IVA, tal como as exportações de bens tangíveis em geral.

Incluem-se nas novas regras actividades tão variadas como o fornecimento de som e imagem, software, tratamento de dados e outros serviços informáticos tais como a criação de *web pages*, actividades culturais, artísticas, desportivas, científicas, docentes, recreativas e similares, etc. Mas não há prestação de serviços para este efeito quando exista um suporte físico, tais como disquetes, cassetes, CD, CD-ROM, DVD, etc[32].

Este conjunto de propostas é no entanto susceptível de alguns reparos: exige que seja o fornecedor de bens ou prestador de serviços a determinar se o estatuto fiscal do cliente está ou não abrangido pela jurisdição da união ou não; as medidas de combate à fraude ficarão comprometidas pelo abandono do cartão de crédito como meio de pagamento além de já de si, o acesso à relação de pagamentos com cartões levantar grandes problemas à investigação fiscal; as diferenças de carga fiscal entre os Estados Membros pode constituir um entrave à sã concorrência (hoje as taxas de IVA variam de 15% no Luxemburgo a 25% na Dinamarca) e levanta também problemas de concorrência fiscal entre os Estados dado as empresas do exterior da União poderem escolher livremente o Estado Membro onde querem registar-se e cumprir obrigações fiscais.

8. A tributação do rendimento derivado do comércio electrónico

Os métodos de fiscalização das imposições sobre os rendimentos, estão pensadas para um mundo físico, dos papeis, desde a origem ao destino dos capitais. Seguindo as linhas traçadas pelo relatório da OCDE e as conclusões da conferência de Torku de 1999 e da cimeira do milénio de Ottawa, as primeiras necessidades legislativas centram-se nos momentos da incidência e determinação da matéria colectável.

Na generalidade dos países e também em Portugal é tributado o rendimento de residentes e de não residentes pelos ganhos obtidos nessa

---

[32] Estas medidas encontram-se explicitadas com grande pormenor por PRICEWATER-HOUSECOOPERS, *Breve comentário à proposta de Directiva sobre a tributação do comércio electrónico*, em www.inforfisco.pt/notas_enquadramento/ne_01.htm consultado a 15 de Maio às 18H30.

jurisdição e os problemas de dupla tributação resolvem-se com recurso a convenções internacionais.

A primeira dificuldade a resolver é como qualificar o rendimento obtido com a venda de produtos pela Internet. Supondo que A compra um livro pela rede a partir da página que uma livraria tem na Internet, aguardando a sua entrega em casa, o lucro que a livraria vai auferir é normalmente tributado como rendimento derivado de uma actividade comercial.

Já se o que vende é o direito a que o cliente faça um *download* do conteúdo do livro para o seu computador ou se o autoriza a descarregar um software, o rendimento que obterá pode ser teoricamente de três tipos[33]:

- Um rendimento de propriedade industrial (royalties) havendo obrigação de proceder a retenção na fonte
- Um rendimento comercial normal
- ou um rendimento derivado de uma prestação de serviços e neste caso igualmente sujeito a retenção na fonte.

Sem haver jurisprudência assente somos da opinião de Miguel Teixeira de Abreu[34], segundo o qual, tudo dependerá da finalidade e da operação concreta e estaremos perante uma prestação de serviços sempre que o objecto seja um bem intangível (como no capítulo anterior se definiu). Se envolver um elemento físico, será uma venda de bens normal. Se a transmissão envolver a transferência dos direitos inerentes à exploração, trata-se de propriedade industrial e o rendimento assim obtido deverá ser contabilizado como um "royalty".

Já nos referimos atrás à questão da fragilidade que sofre o conceito de "residência", mas também o de "estabelecimento estável": um *web site* suportado por um computador em Portugal é um estabelecimento estável? E se é um computador portátil? Neste caso, arriscaremos a seguinte resposta: Deve atender-se ao provedor de acesso. Se o *web site* utilizar um ISP Português e além disso permitir fazer encomendas é de considerar que se trata de um estabelecimento estável em Portugal.

Situação diferente sucede quando o fornecedor estrangeiro envia um CD-ROM a clientes em Portugal contendo um software relativo a um catá-

---

[33] Esta divisão é feita por Glória Teixeira.

[34] ABREU, Miguel Teixeira de, "Efeitos fiscais da utilização da Internet em sede de imposto sobre o rendimento", Fiscalidade – Revista de Direito e Gestão Fiscal, nº 2, Instituto Superior de Gestão, 2000, p. 29.

logo de vendas, que se actualiza *on-line* através do *web-site* da empresa e que permita inclusivamente fazer encomendas, ficando a empresa estrangeira adstrita a certos fornecimentos, então o seu cliente em Portugal deve equipara-se a um agente[35].

Face à solução proposta pode argumentar-se que se a empresa tem um computador instalado em Portugal ligado por um servidor estrangeiro então não há imposição. E assim nos parece ter que ser, **se** nada mais ligue a empresa a Portugal. Neste caso, tudo se passará para a administração tributária portuguesa como se o cliente português se desloque ao estrangeiro e compre lá. Não há um vínculo suficientemente consistente com a jurisdição portuguesa, como nos parece que já há se o servidor for português e o conceito de estabelecimento estável está associado ao exercício de uma actividade com um mínimo de estabilidade (tal como se define no art. 5º do *Model Tax Convention* da OCDE) o que não se confunde com a necessidade de ali constituir uma empresa.

Na solução proposta o *web site* não é só um depósito de informação, como páginas publicitárias que são auxiliares do negócio principal; para se considerar estabelecimento estável terá que servir como plataforma comercial. Mesmo que se exijam impostos locais sobre a propaganda não é suficiente para se tratar de um estabelecimento. O imposto assim devido não é diferente do devido pela colagem de cartazes, *out-doors*, etc.

Um outro problema está no seguinte: Suponhamos uma multinacional com sucursais em Portugal. A Internet abre possibilidades grandes de gestão, cooperação e trabalho conjunto. Logo mais facilmente o conglomerado actua como uma única empresa sendo difícil determinar com exactidão qual o lucro imputável ao estabelecimento em Portugal, a não ser recorrendo a técnicas de rendimento presumido. Na prática as situações são elucidativas da erosão das bases tributáveis sobre o rendimento a que a Internet pode levar num futuro próximo. Suponhamos uma transacção comercial em que a empresa A com sede e direcção efectiva nos Estados Unidos produz calçado e gasta na produção de cada par 50 uc. Vende-os no seu estabelecimento estável em Portugal onde gasta em publicidade 50 uc e vende cada par a 150 uc. Será tributada em 25 uc de lucro nos Estados Unidos e 25 uc em Portugal.

Já se a mesma empresa apenas vende por Internet a partir de um web site situado nos Estados Unidos para Portugal, onde gasta as mesmas 50 uc em publicidade, as 50 uc de lucro obtido são integralmente tribu-

---

[35] ABREU, Miguel Teixeira de, ob. Cit., p. 31 e nota 10.

tadas nos Estados Unidos porque não tem em Portugal qualquer estabelecimento estável[36].

9. Conclusão

– A aplicação das imposições exige a definição prévia da base pessoal e real de incidência, estabelecimento do nexo de causalidade entre o rendimento obtido e a sua imputação aquele contribuinte e a capacidade efectiva de a administração fiscal aplicar coercivamente o imposto.

– Não é difícil apurar alguns problemas que nesta sede as redes de Internet e intranets colocam: fácil deslocalização das transacções para qualquer parte do mundo, elimina-se intermediários, a eficácia da fiscalização fica seriamente comprometida, o anonimato permitido pela rede é total, o acesso a jurisdições de baixa tributação torna-se instantâneo, etc. Bem vistas as coisas os problemas que se levantam, são não tanto de criação de novas leis, mas antes de aplicação das existentes pois muitos dos problemas que já existiam ficam agora agravados e, por outro lado, de fiscalização, dadas as facilidades de evasão potenciadas por esta nova maneira de comerciar.

– A emergência do problema implica contenção das administrações fiscais nas soluções com que avancem quer para não atrofiarem o normal desenvolvimento do comércio electrónico, que tem vantagens evidentes para economias periféricas como a Portuguesa e porque qualquer decisão impositiva unilateral pode levar à fuga de capitais para outras jurisdições ou à dissimulação das transacções, facilmente conseguida pelo anonimato permitido, a ausência de fronteiras e a falta de uma entidade de controlo sobre a rede.

Qualquer solução impositiva terá por isso que passar por um quadro de consenso internacional.

– As administrações fiscais não podem converter os ISP em agentes de informação dado que os conteúdos das comunicações operadas por esta via equiparam-se à correspondência ficando a coberto do respectivo sigilo.

– Impõe-se a *standartização* de regras de registo nos diferentes países para efeitos de IVA, bem como das regras aplicáveis aos documentos electrónicos.

– Nos impostos sobre o consumo, afigura-se-nos necessária a adopção das directrizes da OCDE e da UE sobre o IVA, nomeadamente passando a cobrança a fazer-se no país onde ocorre o consumo. Nesta sede,

---

[36] A base do exemplo dado encontra-se em www.gesbanha.pt/fisc/tribut.htm consultado dia 23 de Maio às 14H30.

há quem proponha que o pagamento do imposto seja feito mediante retenções na fonte a efectuar pelos bancos com base nos pagamento. Cremos no entanto que para além de ter que ser o Estado a pagar esse serviço aos bancos, facilmente se iludiria o sistema bastando para tal efectuar os pagamentos a partir de contas bancárias situadas no estrangeiro.

– Nos impostos directos sobre o rendimento o problema central consiste em se saber qual o país onde o rendimento se produz ou qual a parte que ali deve ser tributado.

– O princípio da neutralidade fiscal assume aqui especial importância. O comércio electrónico não deve ser tratado privilegiada ou desprivilegiadamente em relação ao comércio tradicional sob pena de se distorcer o mercado.

PRIVATE INTERNATIONAL LAW & E-FINANCE – THE EUROPEAN PERSPECTIVE

JULIA HORNLE
(Solicitor)

CONTENTS:

Private International Law & E-finance- the European perspective

This chapter addresses the following two questions from an European perspective:

- Which court is competent to hear a dispute about the provision of financial services via the Internet where the claimant and the defendant are located in two different Member States?
- Which law will apply to such a dispute?

For this purpose, I will briefly describe the provisions of the European instruments on jurisdiction, the Brussels and Lugano Conventions, as well as the new Regulation on Jurisdiction and the Rome Convention on the law applicable to contractual obligations. I will then discuss how these rules on jurisdiction and applicable law will apply to e-commerce and e-finance, illustrating the operation of these provisions by e-finance examples. Finally I will evaluate the provisions in terms of legal certainty and the risk of forum shopping.

E-finance and e-commerce in general lead to an increase in cross-border transactions. Therefore it is vital that rules on jurisdiction and applicable law create certainty and avoid forum shopping by the parties.

1. Overview: why is e-commerce and e-finance a challenge for rules on Private International Law?

Generally speaking, whereas the Anglo-American approach is more open to various, flexible bases of jurisdiction, such as presence or doing business in a given state, the European approach is characterised by specific, limited and defined grounds for jurisdiction.[1] The most important of these grounds is the general jurisdiction of the courts of the defendant's domicile.[2]

In any case, the rules for determining jurisdiction are based on the geographical localisation of the actors or activities in question.

In the European context, localisation factors relating to activities are for example the place of performance of a contract[3] or the place where the contract was concluded[4] or the place where the harmful event occurred[5].

In an e-finance context localisation rules are more difficult to apply than in the offline world:

In some instances, the result of applying traditional localisation principles to an Internet transaction is that every country in the world may potentially have jurisdiction since the Internet is accessible from anywhere in the world. This is an obvious incentive to forum shopping.

---

1 Lowenfeld, p. 46.
2 Article 2 (1) of the Regulation on Jurisdiction.
3 Article 5 (1) of the Regulation on Jurisdiction.
4 Article 5 of the Rome Convention.
5 Article 5 (3) of the Regulation on Jurisdiction.

In other instances jurisdiction is arguably based on the location of the Internet server on which the information is hosted. If jurisdiction is based on the location of the server, the resulting jurisdiction is often a matter of chance, with no obvious connection with the parties or the substantive transaction.

Finally, in other instances localisation depends on the place of receipt or place of sending of a message. In such cases there are often several possibilities depending on where one allocates the entry or exit point of the message into or from the communication system. For example, in the case of e-mail, there are three possibilities for localising the entry point of the message into the communication system (its receipt):

(i) the point where the message enters the access provider's system
(ii) the recipient's mailbox
(iii) the recipient's desktop.

Localisation may even be more complicated in the case of a distributed enterprise: the server hosting the website advertising the financial service provided may be in a different jurisdiction from the server effecting the transaction, for example. This lack of clarity may also provide incentives for forum shopping.

2. Jurisdiction regarding e-finance contracts

2.1. *Legislative History: from the Brussels/Lugano Conventions to Council Regulation 44/2001*

The Member States of the EC[6] concluded a Convention providing rules on jurisdiction and enforcement of judgements on 27. September 1968 ("the Brussels Convention[7]"). On 16. September 1988 a parallel Convention providing for the same rules as in the Brussels Convention was concluded between the EC Member States and the then EFTA States[8]

[6] now France, Germany, the Netherlands, the UK, Austria, Belgium, Denmark, Finland, Greece, Ireland, Italy, Luxembourg, Portugal, Spain and Sweden.

[7] Brussels Convention on Jurisdiction and the Enforcement of Judgements in Civil and Commercial Matters.

[8] Austria, Switzerland, Norway, Finland, Sweden and Iceland.

("the Lugano Convention[9]"). The purpose of the Conventions has been to determine the international jurisdiction of courts in the EC and EFTA countries, to facilitate recognition and to introduce an expeditious procedure for securing enforcement of judgements. The aim behind the Conventions is to facilitate the development of an Internal Market.

Work for an updating revision was underway in the Council when the EU was given new powers under the Amsterdam Treaty in the field of judicial co-operation in Article 65. This enabled the Council to clothe the updating instrument in the legal form of a Regulation, thereby obviating the need for ratification by each Member State. The Regulation on Jurisdiction[10] has been adopted on 22 December 2001. The Regulation applies in the Member States of the European Union with the exception of Denmark. Denmark will still apply the Brussels Convention. In relation to the EEA states, the Lugano Convention still applies. The Regulation will enter into force on 1 March 2002.[11]

The text of the "new" Regulation compared to the previous Brussels and Lugano Conventions has not changed very much. The main change relates to the provisions on consumer jurisdiction. However, as will be explained below, in the author's view, the new Regulation has not created more clarity or less opportunity for forum shopping.

In this chapter reference shall be made to the Regulation and any differences to the earlier Conventions shall be pointed out, where necessary.

2.2. *When does the Regulation apply?*

Member State courts must apply the Regulation in civil or commercial matters where one of the defendants is domiciled in a Member State. Thus, the Regulation applies where a dispute is before a court of a Member State and at least one defendant is located within the EC.[12]

---

[9] Lugano Convention on Jurisdiction and the Enforcement of Judgements in Civil and Commercial Matters.

[10] Council Regulation 44/2001 of 22 December 2000 on Jurisdiction and the Recognition and Enforcement of Judgements in Civil and Commercial Matters.

[11] Article 76.

[12] Article 4 (1), but see below for forum non conveniens in the UK courts.

In relation to disputes arising from an Internet transaction it is irrelevant for the application of the Regulation where the defendant's server is located. Thus, for example, where an Internet bank is established within the EC it cannot avoid the applicability of the jurisdiction Regulation by locating the web server offshore.[13]

If a dispute is brought before a Member State court where one of the defendants is domiciled and the other defendants are domiciled in other Member States, the court seized may assume jurisdiction over these other defendants where there is otherwise a risk of irreconcilable judgements.[14]

However distinguish the following scenario: the Member State court assumes personal jurisdiction over a non-EU defendant on the basis of its own national rules. The non-EU defendant has a co-defendant domiciled in another EU Member State. The European Court of Justice held in *Re Union Europienne SA v Spliethoff's Bevrachtingskantoor BV*[15] that in this scenario the Member State court cannot assume jurisdiction over any EU co-defendant of the non-EU defendant on the basis of the above rule (closely connected matters-risk of irreconcilable judgements). Thus, for example where an English court assumes jurisdiction over a US financial service provider under common law rules, the Court cannot assume jurisdiction over the French co-defendant on the basis of the Regulation (unless there is another connecting factor).

In respect of a defendant domiciled outside the EU the Member State court seized will apply its national rules on jurisdiction[16]. Therefore, for example if a US domiciled service provider is sued in England in connection with an e-finance transaction that court will apply the English common law rules to determine its competence over that US defendant[17].

Furthermore, the Court of Appeal in the *Re Harrods (Buenos Aires) Ltd*[18] case has held that even where the European jurisdiction rules point

[13] Gringras, p. 36.

[14] Article 6 (1).

[15] Re Union Europienne S.A. and others v Spliethoffs Bevrachtingskantoor BV and another (ECJ) Case C-51/97, 2000 QB 690.

[16] Article 4 (1).

[17] CPR Part 6, see 6.20 available on http://www.lcd.gov.uk/civil/procrules_fin/cprocfr.htm

[18] In re Harrods (Buenos Aires) Limited (CA) [1992] Ch. 74.

to the English courts having jurisdiction the English court may decline jurisdiction where it finds that another court outside the EU may be a more appropriate forum. The Court in essence held that where there is a conflict between England and a non-EU state the English court may still apply the common law doctrine of forum non conveniens. This was later confirmed in the Court of Appeal ruling in *ACE Insurance SA-NV v Zurich Insurance Co and Zurich American Insurande Co*[19]. In this reinsurance case the Court of Appeal again decided that the English courts are able to apply the doctrine of forum non conveniens where it is necessary to decline in favour of a court of a non Contracting State even where the defendant is domiciled in a Contracting State. Thus, under the English approach, if we take the example of a credit card issuer domiciled and sued in the UK. If the dispute has no other links with a Member State and the conflict is with a US jurisdiction, the English court may stay proceedings on the basis that the US court is the more appropriate forum. This seems to conflict with the earlier ruling of the European Court of Justice in *Group Josi Reinsurance Company SA v Universal General Insurance Company*[20]. In that case (another reinsurance case) the ECJ held that the Brussels Convention is in principle applicable where the defendant has its domicile or seat in a Contracting State even if the plaintiff is domiciled in a non-nember country.

However, the situation is less complicated for enforcement: a judgement given in a Member State will be recognised and enforced in another Member State regardless of whether the judgement debtor is domiciled in a Member State or third state. Such enforcement is independent of whether jurisdiction was based on the EU rules or that state's traditional, national rules.

2.3. *The main provisions*

The basic (general) rule of jurisdiction is contained in Article 2 (1): in the absence of choice by the parties, the courts of the defendant's domicile have jurisdiction in personam, regardless of the defendant's nationality. Thus, as mentioned above, with regard to a financial service provider domiciled in a Member State operating on the Internet, the jurisdiction of

---

[19] 2. February 2001; [2001] 1 Lloyd's Rep. 618.

[20] 13. July 2000, Case C-412/98, European Court Reports 2000 I Page 5925.

the courts of that Member State cannot be avoided by locating the server offshore.

If this rule was applied without exception it would avoid any forum shopping by the claimant. However, the Regulation enumerates certain limited instances where a court other than that of the defendant's domicile may assume jurisdiction.[21] This opens up various possibilities of forum shopping for Internet cases. Please note that the special grounds of jurisdiction are in addition to the general jurisdiction of the courts of the defendant's domicile.

2.3.1. *Contractual Disputes*

For example, for disputes relating to a contractual obligation, the courts of the place where this obligation should have been performed *may* assume jurisdiction.[22]

What does this mean in relation to the Internet? In an e-finance context it might be difficult to determine the exact place of performance. This shall be illustrated by two examples:

Example 1

If the contractual obligation is to make available for downloading financial information[23] which is the place of performance? There are four arguable possibilities:

- The location of the server which hosts the material being downloaded. This could be completely arbitrary and with no obvious connection to the buyer or seller. By way of illustration, the provider of the financial information is a company incorporated in France, the recipient a consumer domiciled in Germany and the server is located in Ireland. In such a situation it could be argued that since the contractual obligation is to make available the information, this has been performed in Ireland – albeit that this location is unconnected to the parties and could easily be moved.

---

[21] Article 5.

[22] Article 5 (1).

[23] such as investment advice, share prices or any other information product, eg software, images, music, video or games.

- The provider's domicile. Since it is from this location that the provider uploads the material onto the server to make it accessible, arguably this may be regarded as the place of performance. (France).
- The recipient's server. Since the recipient's browser sends the request for the information and the information is received on the recipient's server it could be argued that this is the place of performance. (Germany).
- Finally, it could be the location of the recipient's desktop since this is where he actually sees the information.

In the physical world principles have been worked out which determine, for example when a seller has to deliver the goods and when a buyer has to collect them. The problem is here that equivalent principles have not been worked out in the metaphysical Internet world. Unfortunately the new Regulation does not clarify how these principles apply to e-commerce/e-finance.

Example 2

Assuming an employee of a multinational corporation in the UK is "buying" financial information from a website. This time it is agreed between the parties that the information is to be delivered per e-mail attachment to the work e-mail address of the recipient employee. There are three possible locations for delivery[24]:

- The domain name of the corporation is pointing to an Irish server. If the place of delivery was the place where the e-mail enters the corporation's system, the place of delivery would be Ireland.

It is also important to note that this server could at any time be moved to any other jurisdiction (e.g. Guatemala) without affecting the operation of the e-mail system or even without the parties noticing it.

- If the place of delivery was the employee's mailbox, this would probably be the local UK based server to which the e-mail is routed by the corporation's internal network. In this interpretation, the place of delivery would be the UK.

[24] A similar example is mentioned in Reed, p. 193.

- Thirdly, it could be the employee's workstation, to which he copies his e-mail when he reads them. If the buyer happens to access his mailbox by laptop from Italy, in this interpretation the place of delivery would be Italy.

2.3.2. *Tort*

In cases of tort, delict or quasi-delict, the courts of *the place where the harmful event occurred* may assume jurisdiction.[25]

Again, for a tort committed on the Internet this might be difficult to be determined. Generally speaking, the problem is that material posted on the Internet can be accessed from anywhere in the world, so that harm stemming from such material may potentially fall anywhere. Therefore at least in theory, the harmful event can occur in any or each jurisdiction. For example, malicious virus code on a website can infect any person accessing that website from any other Member State. Similarly, negligent financial information may be accessed and relied upon from any other Member State. Equally a negligent breach of security may occur in any Member State. Therefore there is a risk in these instances that a defendant, such as an online bank, domiciled in a Member State can be sued in any other Member State under the jurisdiction Regulation. Again the new Regulation does not address this issue.

This risk essentially depends on the interpretation of the phrase *"place where the harmful event occurred"*. In the following I shall briefly examine the European Court of Justice's caselaw on this issue and how this could be applied by analogy to e-finance cases.[26]

In an early case[27], the European Court of Justice (ECJ) had to rule on the meaning of the phrase *"place where the harmful event occurred"*. In that case the plaintiff's business of nursery gardening in the Netherlands was damaged by the discharge of large quantities of salt into the Rhine, caused by the defendant's mining operations in France. The ECJ held that the phrase *"place where the harmful event occurred"* could refer to either the jurisdiction where the event giving rise to the damage occurred

---

[25] Article 5 (3).

[26] see also Gringras, p. 113 *et sequi.*

[27] Handelskwekerij G J Bier BV v Mines de Potasse d'Alsace [1976] ECR 1735.

(France) or the jurisdiction where the damage itself occurred (the Netherlands). The relevant place is therefore either where the wrongful act was done or the place where the damage occurred.[28]

This judgement may have significant consequences for Internet torts.[29] As explained above a website containing a virus, negligent information or defamatory statements may be accessed from any other Member State so that the damage may occur in any other Member State. Applying this ruling, this would be sufficient for jurisdiction. Therefore, companies and individuals domiciled in a Member State using the Internet to provide services or information risk being sued in any other Member State.

Example 1

An Internet bank domiciled in England negligently carries a virus on its website infecting all persons accessing that website. A person domiciled in France suffers damage to his computer and files situated in France. Following the above judgement, arguably the plaintiff could sue in the French courts.

However, in its subsequent jurisprudence the ECJ has limited the meaning of the phrase *"place where the harmful event occurred"*. The Court said that this phrase does not refer to all places where the effects of the tort were being felt. Instead this was limited to the place where the physical damage was done or where the recoverable economic loss was actually suffered.[30]

In a case where two German subsidiaries of French companies had been made insolvent by the negligence of German banks in connection with a property development in Germany, the ECJ held that the French courts had no jurisdiction. The French companies could not sue the German banks in the French court. The mere fact that the French parent companies had experienced financial repercussions at their place of domicile was not sufficient to confer jurisdiction to the courts of the claimants' domicile.[31]

---

[28] Dicey & Morris pp. 352 *et sequi.*

[29] see also Gringrass, p,113.

[30] Dicey & Morris, p. 353.

[31] Dumez France v Hessische Landesbank [1990] ECR I 49.

Similarly, the ECJ denied Italian jurisdiction in a case involving an Italian citizen who had been arrested and whose property had been seized in England because of the wrongful conduct of employees of Lloyds bank. When he sued for the exchange value of the property seized and damage to his reputation in the Italian courts, the ECJ held that there was no jurisdiction. All the connecting factors to the court were situated in England not in Italy. The actual damage had not been caused in Italy. The ECJ held that jurisdiction did not encompass any place where the adverse consequences of the wrongful act could be felt.[32]

In both these cases, the damage to property occurred in the state of the defendants' domicile and it was the repercussions of that damage which was felt by the plaintiffs in their state of domicile which was not sufficient to give the courts of the plaintiff's domicile jurisdiction. This kind of secondary damage is not sufficient for establishing jurisdiction.

Example 2

Bank X established in France provides negligent financial information on a website read and relied upon by Y. Y is domiciled in Germany but suffers damage to his assets in France. Y suffers damage for example by investing his money held in a French bank account in the "wrong" investments in France. If Y suffers (recoverable) economic loss in France, Y could not sue in Germany, even though Y's business in Germany may suffer as an indirect result.

In *Domicrest Ltd v Swiss Bank Corp*[33] the English High Court applied Article 5 (3)[34] to negligent misstatement. The plaintiff was an English company supplying electronic consumer goods. The defendant was a Swiss bank accepting payment orders by a customer of the plaintiff's. Relying on the payment orders the plaintiff released goods from warehouses in Switzerland and Italy before receiving payment. The bank subsequently refused to pay three of the payment orders.

[32] Marinari v Lloyds Bank plc [1995] ECR I 2719.

[33] [1999] Q.B 548, [1999] 2 WLR 364.

[34] as incorporated in the UK in the Civil Jurisdiction and Judgements Act.

The plaintiff started proceedings in the English courts for negligent misstatement. The plaintiff alleged that the defendant bank had confirmed to the plaintiff that it was in funds and that the defendant bank would pay. The plaintiff alleged that this was a negligent misstatement by the defendant bank. The plaintiff argued that the English court has jurisdiction on the basis that the negligent misstatement was received in England.

The Court disagreed. It held that the place where the wrongful act was done was the place where the misstatement was made, in this case Switzerland. As to the place where the damage occurred, this was where the misstatement was heard and acted upon. In this case, this was in Switzerland and Italy where the goods had been released. Therefore the English Court declined jurisdiction.

The Court further held obiter that it would apply the rule in *Shevill v Press Alliance*[35] to negligent misstatement.[36] This concerns a case where a plaintiff has suffered damage in several Member States as a result of relying on negligent misstatement. In such a situation the plaintiff can only sue for the whole loss in the defendant's place of domicile. Alternatively the plaintiff can sue in each jurisdiction where he has acted on the statement and suffered loss but only in respect of the loss suffered in that particular jurisdiction.

Example 3

The website of a financial services provider domiciled in Belgium contains negligent financial information, this is seen and relied upon by Z, a UK domiciled person, making changes in his investments in Germany, Italy and the UK. Arguably, following the reasoning in *Domicrest Ltd v Swiss Bank Corp* and *Shevill v Press Alliance* Z could sue the provider of the information in the UK only in respect of the loss suffered there. He could sue only in Belgium in respect of the whole loss.

2.3.3. *Branch, agency or other establishment*

Article 5 (5) of the Regulation provides that there is jurisdiction for disputes arising out of the operations of a branch, agency or other esta-

[35] [1995] ECR I 415.

[36] On this issue see also Alan Reed, Chapter 4 of Walker/Wall/Akdeniz.

blishment in the courts for the place in which the branch, agency or other establishment is situated. The question arises here whether a website could be regarded as a "branch, agency or other establishment" and if so, where a website is physically located. For example where a bank is domiciled in the UK but maintains an online banking facility website in all the Member States would this be classified as a branch with the consequence that this bank can be sued in any Member State under Article 5 (5)?

The ECJ has held in the *Somafer case*[37] that this concept requires an "appearance of permanency". Considering how easily a website can be changed and moved between servers, it is unlikely that the ECJ would find that the server of a website is a branch, agency or other establishment.[38]

2.3.4. *Choice of jurisdiction*

The parties may choose which courts shall have jurisdiction[39]. Such agreement must be evidenced in writing or by practices which the parties have established between themselves or in accordance with the custom in the trade.[40] The Regulation now expressly states in Article 23 (2) that a communication by electronic means shall be equivalent to "writing" if it provides a durable record of the agreement. Thus, jurisdiction can be agreed by, e.g. e-mail which has been saved or printed out. However where one of the parties is acting as a consumer an agreement as to jurisdiction entered into before a dispute has arisen will probably be void.[41]

2.3.5. *Lis pendens*

Although the purpose of the Regulation has been to avoid concurrent jurisdiction, as we have seen, conflicts are not completely avoided. Article 27 provides a strict rule that the first court seized is given primacy, where more than one set of proceedings are brought in courts of different Member States involving the same cause of action and the same parties.

To the extent that there are several possible fora in disputes arising from Internet communications this rule allows tactical forum shopping. It

---

[37] Somafer SA v Saar-Ferngas AG [1978] ECR 2183.

[38] see also Dicey & Morris, pp. 356 *et sequi*, Reed p. 201, see also further below.

[39] Article 23 (1).

[40] Article 23 (1).

[41] Article 17, Dicey & Morris, p. 431, see further below.

leads to a "race to the court house".[42] For example, a threatened defendant could quickly seek a declaration in a slow and inefficient jurisdiction. The plaintiff would then not be able to bring a claim while the first court is seized of the matter.

Article 28 provides that in the case of related actions, a court other than the first court seised *may* stay proceedings. The principal factor to be taken into account is the risk of irreconcilable judgements resulting from separate proceedings.[43]

2.4. *Special consumer jurisdiction*

One of the defining features of the European approach both under the "old" Brussels Convention and under the "new" Regulation is that there are special jurisdiction rules regarding consumer contracts. The basis for this approach is that the EC Treaty in Articles 3 (t) and 95 (3) requires the Community to have regard to consumer protection.

The policy behind special consumer jurisdiction rules is that the consumer is perceived as the weaker party to the contract and that to force a consumer to litigate against a business abroad may amount to an effective denial of justice. Furthermore, traders are in a stronger position than consumers, since they usually obtain payment in advance by credit card. Also they are in a better position to insure.[44]

With traditional forms of provision of financial services, the service provider with whom the consumer contracts is more often than not established in the same Member State, so that no conflict of law problem involving a consumer arises. This will increasingly change with the arrival of e-finance which, within the EU, opens the doors for an Internal Market in Financial Services and the cross-border provision of financial services.

Therefore e-commerce in general and e-finance in particular, leads to an increase in cross-border selling to consumers and conflict of law situa-

---

[42] Morris, p. 126.

[43] Article 28 (3).

[44] see also the Report of the European Parliament on the Proposal for the Council Regulation on Jurisdiction, A5-0253/2000 Final, Rapporteur Diana Wallis.

tions involving consumer protection issues. For this reason this issue is very important.

Under the Regulation, for certain consumer contracts, special rules on jurisdiction apply. These rules on jurisdiction are asymmetric: whereas the business can only sue the consumer in the consumer's state of domicile, the consumer has a choice. He can sue the business in his state of domicile or in the business' state of domicile.[45]

"Consumer" is defined as a person who concludes a contract for a purpose which can be regarded as being outside his trade or profession.[46] However, the special rules on consumer contracts in the Regulation only apply in one of three situations, namely, if[47]:

- the contract is a sale of goods on instalment credit terms or
- the contract is for any form of credit made to finance the sale of goods or
- (...) a person directs commercial or professional activities to the Member State of the consumer's domicile (or to several states including that Member State).

The equivalent provision in the "old" Brussels Convention was worded differently. Drafted in the pre-Internet days, it had originally been intended to cover mail order and door step selling. The consumer jurisdictional rules in the Brussels Convention applied to the contracts mentioned in the first two bullet points mentioned above and to a "contract for the supply of goods or a contract for the supply of services, where in the state of the consumer's domicile (a) the conclusion of the contract was preceded by a specific invitation addressed to him or by advertising and (b) the consumer took the steps necessary for the conclusion of the contract".[48]

It was unclear how these rules, based on the territory in which the contract is made or on the territory where the advertising took place, would apply to a consumer contract concluded via a website. Also, it was not clear whether some contracts concluded via a website are contracts for

[45] Article 16.
[46] Article 15 (1).
[47] Article 15 (1) (a) - (c).
[48] Article 13 of the Brussels Convention.

the supply of goods and services. For example if a consumer downloads software from a website, arguably this is a license to use copyrighted material.[49] However, arguably even the wording of the Brussels Convention applied to (some) interactive websites.

As mentioned above, the special consumer protection provisions now apply, inter alia, where the provider *directs his activities to the consumer's domicile*. However, arguably it is debatable what the verb "*directs*" means. Therefore even though the wording in the new Regulation was meant to clarify the position with regard to consumer jurisdiction it has not achieved this purpose. The question arises when does an e-commerce supplier direct its activities to a particular Member State. It may be sufficient that a website is accessible from a particular Member State. Indeed, the Explanatory Memorandum to the initial draft states that the provision applies to all interactive websites. On the other hand, it is doubtful whether a supplier who puts a notice on its website that the services are only available for consumers in (a) particular Member State(s) is directing its services to other Member States.

These issues have provoked considerable debate[50]. The suggestion that e-businesses are liable to be sued in every Member State jurisdiction has evoked great criticism from the business community on the basis that it would drive many SMEs[51] out of business if they had to face litigation in every Member State.

How real this risk might prove in practice is another question. Consumers tend to resort to litigation only above a certain value of the claim. Regardless of whether it is the consumer or the business who has to cross a border in order to obtain legal redress, cross-border litigation will be expensive and this cost will only be justified for larger claims. Therefore it will be necessary to set up complementary Alternative Dispute Reso-

---

[49] Gringras, p. 39.

[50] Pullen, Mike, EU's dangerous threat to e-commerce, in Legal Week, September 1999, BEUC position paper, BEUC 183/99, 'Consumer Rights in electronic commerce--Jurisdiction and applicable law on cross-border consumer contracts' of 8 October 1999 available at the BEUC website at <http://www.beuc.org/public/papers/pa1999 /content.htm>, see also the Report of the European Parliament on the Proposal for the Council Regulation on Jurisdiction, A5-0253/2000 Final, Rapporteur Diana Wallis, Stuart Dutson, CLSR Vol16, No2, 2000.

[51] Small and Medium Sized Enterprises.

lution mechanisms, since otherwise access to justice will be practically denied in many cases.

Interestingly, when the European Parliament was consulted on the draft Regulation, the European Parliament suggested tying the consumer jurisdiction provisions to Alternative Dispute Resolution. The European Parliament criticised the Commission's original Proposal and suggested several amendments which have not been included in the Regulation adopted by the Council. The European Parliament suggested that service providers should have been able to contract out of the asymmetric rules on consumer jurisdiction. This would have allowed the provider to provide in the contract with a consumer that the consumer can only sue the provider in the state of the provider's domicile if the provider commits itself to co-operate in a specified out-of-court dispute resolution procedure.[52]

3. Recognition and Enforcement under the Regulation

To the extent that e-commerce and e-finance lead to an increase in foreign judgements, the procedures for recognition and enforcement of such judgements is important. The Regulation provides for a simplified enforcement procedure:

The basic principle is that a judgement given in a Member State is to be recognised by other Member States without further proceedings.[53] Recognition is automatic without the need for the judgement being final or conclusive.[54] Furthermore, enforcement is a consequence of recognition and is to be treated as largely a procedural matter.[55]

This applies equally to judgements of courts in the Member States rendered after jurisdiction was taken under the rules of the Regulation and to judgements granted after jurisdiction was assumed under traditional national rules, regardless of the domicile of the defendant.[56] Therefore, where for

---

[52] Report of the European Parliament on the Proposal for the Council Regulation on Jurisdiction, A5-0253/2000 Final, Rapporteur Diana Wallis, Article 17a, p. 21.

[53] Articles 33 and 36.

[54] Collier, p. 163; Cheshire and North's, p. 488.

[55] Cheshire and North's p. 481.

[56] Cheshire and North's pp. 482-483.

example a German court relying on an exorbitant basis of jurisdiction in German law, is issuing a judgement against a US domiciled person, this would be enforceable eg in the UK against that US domicile's assets.

For enforcement in most Member States it is necessary to apply for a declaration of enforceability, Article 38 (1). However in the UK there is a requirement that the judgement is registered for enforcement, Article 38 (2). The party seeking enforcement must produce a copy of the foreign judgement, Article 53 (1) and a certificate issued by the foreign court, Article 53 (2). The foreign judgement must not be reviewed as to substance, Article 45 (2).

However there are five possible defences to recognition and enforcement contained in Articles 34 and 35. Recognition and enforcement can be refused if[57]:

- this is manifestly contrary to public policy in the enforcing Member State. However, in the case of fraud, where redress lies in the foreign courts the defendant should pursue his remedy against fraud there and the English courts will refuse to accept jurisdiction.[58]
- the judgement was entered in default of appearance and the defendant was not duly served with the notice of the proceedings in time for him to prepare his defence.
- the judgement is irreconcilable with an earlier judgement given in a dispute between the same parties in the Member State where recognition is sought.
- The judgement is irreconcilable with an earlier judgement given in another Member State or in a third state involving the same cause of action and the same parties, provided that the earlier judgement is entitled to recognition and enforcement.
- The jurisdiction with which the foreign court acted conflicted with the Regulation's provisions on consumer contracts, insurance or exclusive jurisdiction[59].

---

[57] Collier pp. 164 *et sequi*; Cheshire and North's pp. 495 *et sequi*.

[58] UK Court of Appeal in Société d'Informatique v Ampersand Software BV [1994] 5 ILPr 55.

[59] Article 22.

4. Applicable Law

Applicable law in contractual matters is governed for the Member States of the EU by the Rome Convention[60]. The Rome Convention had been signed by all the Member States by the end of 1981. However it had only been ratified and came into force on 1 April 1991. It has now been ratified by all 15 Member States.

To date there is no equivalent Convention governing non-contractual matters such as torts. However, such a Convention is being discussed as Rome II in the EU institutions.

The aim of the Rome Convention is to establish uniform choice of law rules for contractual obligations throughout the EC.[61] The Convention has to be seen in the light of the EC's policy to create an Internal Market with the free movement of persons, goods, services and capital. It provides a disincentive against forum shopping since the applicable law will be the same throughout the Community.[62]

4.1. *Applicability of the Rome Convention*

The Rome Convention applies where there is a choice between the laws of different countries.[63] These countries need not be EC Member States. Also there is no need for either party to be domiciled in a Member State.[64] In other words, unlike the jurisdiction Regulation, the Rome Convention has universal application and applies regardless of whether the contract has any connection with a Member State.[65] The crucial factor is that the dispute is tried before a court in a Member State. Thus a dispute between a Californian and a New York domiciled company which is tried before the Commercial Court in England will be governed by the Convention. Furthermore, "any law specified by the Convention shall be applied whether or not it is the law of a Contracting State."[66] If the Convention points to Japanese law, for example, the court will apply that law.

---

[60] The Rome Convention on the law applicable to contractual obligations, consolidated version, OJ C027, 26. January 1998, pp. 34-46.

[61] See the Preamble.

[62] Giuliano and Lagarde Report 1980 OJ C282 at pp. 4-5.

[63] Article 1 (1).

[64] Cheshire and North's, p. 544.

[65] Cheshire and North's, p. 551.

[66] Article 2.

As mentioned above, the Rome Convention applies to contractual obligations only and does not cover tort, property and intellectual property.[67] Certain matters are excluded even though they may be classified as contractual in certain jurisdictions. For example, obligations arising under bills of exchange, cheques and promissory notes and other negotiable instruments to the extent that the obligations under such other negotiable instruments arise out of their negotiable character.[68]

4.2. *Freedom of choice*

In general, the parties are free to choose the law applicable to the contract.[69] This choice can either be made expressly by including a choice of law clause in the contract. Alternatively, where from the terms of the contract or the other circumstances it appears reasonably certain that the parties have made a choice the court can infer choice. This lack of formal requirement presumably means that where the choice was expressed in electronic form, this would be sufficient.

4.3. *Consumer Contracts*

In the case of certain consumer contracts, the parties' freedom of choice is limited. This applies to some consumer contracts for the supply of goods and services as well as consumer credit agreements[70]. The wording is similar to the wording contained in the "old" Brussels Convention.[71] In the Internet and e-finance context only the following two categories of consumer contracts are relevant:

- Where the contract was preceded by advertising in the country of the consumer's residence and the consumer took the relevant contractual steps in the country of his residence.
- If the business (or its agent) received the consumer's order in the consumer's country of residence.[72]

[67] Article 1 (1) and Guilano and Lagarde Report, p. 10.
[68] Article 1 (2) (c).
[69] Article 3 (1).
[70] Article 5 (1).
[71] see discussion above.
[72] Article 5 (2).

For such consumer contracts a choice of law clause is not valid to the extent that it would deprive the consumer of the protection by the mandatory rules in his country of residence. Mandatory rules are those rules of a legal system which the parties cannot deviate from by agreement[73]. An example for this in the UK are the Unfair Contract Terms Act 1977 and other consumer protection provisions.

However where there is no choice of law in such a consumer contract, the law of the country of the consumer's residence will apply.[74]

In the Internet context these provisions will be difficult to apply. Essentially, it is unclear how these rules, based on the territory in which the contract is made or on the territory where the advertising takes place, apply to a consumer contract concluded via a website or via e-mail.

For example, if we take the scenario where the consumer concludes a loan agreement online on a web based form, sitting at his laptop in the country of his domicile.

The question arises here whether the advertising was conducted in the consumer's domicile and whether the consumer took the steps to conclude the contract there. Arguably, since the website is accessible from the consumer's domicile the advertising took place there. Likewise since the consumer took the relevant steps at his laptop in his domicile it could be argued that such a contract is a consumer contract. Therefore the wording in Article 5 is unclear but may well apply to contracts concluded with a consumer via the Internet.

4.4. *Other Contracts*

For other contracts than the contracts described above, in the absence of choice, the contract shall be governed by the law of the country with which it is most closely connected.[75] This is presumed to be the country where the party effecting the characteristic performance has its habitual residence.[76] This approach is favourable to the provider of financial ser-

[73] Article 3 (3).
[74] Article 5 (3).
[75] Article 4 (1).
[76] Article 4 (2).

vices such as a bank, as this party will usually provide the characteristic performance.[77] If the contract is entered in the course of a trade or profession, the Rome Convention refers to the principal place of business of that party or to another place of business if performance is effected through that place of business.[78] For example, in relation to a contract relating to a bank account, the applicable law will be determined by the location of the branch where the account is maintained.[79] Again, in this context the question will arise whether a website can be classified as a place of business. As was discussed above this seems unlikely as a website can easily be moved.

5. Conclusion

Generally speaking, the fact that the Internet does not respect physical borders and that activities on servers and desktops are very mobile means that the application of geographical localisation factors based on the activities in question is either difficult or meaningless.

It should be pointed out that the Internet inherently has a global reach and leads to an increase in cross-border transactions. Internet transactions therefore necessitate a global convention. Such a convention is being discussed at the Hague Conference on Private International Law[80] – but because of divergent approaches to jurisdictional rules progress has been very slow.[81]

On a European level, as described above, some localisation factors are based on the location (domicile or habitual residence) of the parties (Article 2 (1) of the Regulation and Article 4 (2) of the Rome Convention). For Internet cases, these factors are tangible and do not involve specific problems.

---

[77] Cheshire and North's p. 570.

[78] Article 4 (2).

[79] Sierra Leone Telecommunications Co Ltd v Barclays Bank plc [1998] 2 AllER 821.

[80] see <http://www.hcch.net/e/>.

[81] see Participants at Ottawa Jurisdiction Talks Report Slight Progress on E-commerce Issues, World Internet Law Report, Volume 2, Issue 4, April 2001.

However, the application of some of the geographical localisation factors contained in the jurisdiction Regulation and in the Rome Convention is either difficult or leads to the result that the courts of every Member State can claim jurisdiction. This uncertainty gives claimants an incentive to engage in forum shopping.

The meaning of some of the localisation factors to determine jurisdiction is unclear: for example, the place of performance of the contractual obligation (Article 5 (1) Regulation) and the question whether a website could constitute a branch or agency according to Article 5 (5) of the Regulation. Unfortunately, this need for clarification was not addressed in the new Regulation on jurisdiction. However, no doubt, new rules will eventually crystallise in this respect, adapting the physical world conventions as to place of delivery and receipt to the Internet.

More problematic are those localisation factors, which, because of the universal accessibility of the Internet, may result in the courts of every Member State being able to claim jurisdiction. This applies to the special jurisdiction in tort cases (place where the harmful event occurred) and potentially also for the special consumer jurisdiction discussed above (where a contract is concluded via an interactive website), Article 15(1) of the Regulation and Article 5 (1) of the Rome Convention. As mentioned above, the position has not been changed by the new Regulation.

The consequence of these rules is that a provider of financial (or other) services via a website risks being sued in every jurisdiction of the Member States. On the one hand one could argue that such a risk is justified, on the basis that this is a risk concomitant to accessing a European wide (or global) market. On the other hand this risk and the thereby increased transaction costs could severely limit market access by small to medium sized business and is therefore undesirable.

Cross-border litigation and enforcement is expensive due to increased costs such as travelling costs, the need to engage a local lawyer and translation costs. This is still the case, despite the expeditious enforcement procedure provided for in the Regulation and although in the future such costs may be reduced by the increased use of IT in the courts (e.g. video-conferencing and translation robots). Therefore unless the claim is substantial, these costs may mean an effective denial of justice. Whether this burden of suing abroad is placed on the supplier or the consumer or on the tortfeasor or the defendant- the result will be problematic. Therefore a fair allocation of the burden to sue abroad is difficult to achieve in any case.

For this reason new avenues of redress should be created. One solution to the problem may be the creation of more or less formal online dispute resolution schemes. The use of alternative dispute resolution conducted via the Internet at a distance may be a first step to solve the problem of appropriate forum. The use of codes of conduct and the rules of particular marketplaces may provide the appropriate applicable law.

BIBLIOGRAPHY

Books

1. J.G. Collier, Conflict of Laws, 2nd edition, Cambridge University Press, 1994
2. Dicey & Morris on The Conflict of Laws, edited by Lawrence Collins, 13th edition, Sweet & Maxwell 2000
3. Clive Gringras, The Laws of the Internet, Butterworths 1997
4. Andreas Lowenfeld, International Litigation and the Quest for Reasonableness, Clarendon Press 1996
5. David McClean, Morris: The Conflict of Laws, 5th edition, Sweet & Maxwell 2000
6. P.M. North, J.J. Fawcett, Cheshire and North's Private International Law, 13th edition, Butterworths 1999
7. Christopher Reed, Internet Law: Text and Materials, Butterworths 2000
8. Clive Walker, David Wall and Yaman Akdeniz, The Internet, Law and Society, Longman 2000

Articles and Papers

1. Participants at Ottawa Jurisdiction Talks Report Slight Progress on E-commerce Issues, World Internet Law Report, Volume 2, Issue 4, April 2001
2. BEUC position paper, BEUC 183/99, 'Consumer Rights in electronic commerce-Jurisdiction and applicable law on cross-border consumer contracts' of 8 October 1999 available at the BEUC website at <http://www.beuc.org/public/papers/pa1999/content.htm>

3. Report of the European Parliament on the Proposal for the Council Regulation on Jurisdiction, A5-0253/2000 Final, Rapporteur Diana Wallis

4. Stuart Dutson, Transnational E-commerce, Computer Law & Security Report, Volume 16, No.2, 2000

5. Lorna Gillies; A Review of the New Jurisdiction Rules for Electronic Consumer Contrats within the EU, JILT, Issue 1, 2001

6. Mike Pullen, EU's dangerous threat to e-commerce, in Legal Week, September 1999

7. Reinhard Schu; The Applicable Law to Consumer Contracts Made over the Internet: Consumer Protection through Private International Law? International Journal of Law and Information Technology, Vol. 5, No. 2

8. Dan Svantesson; Jurisdictional Issues in Cyberspace, The Computer Law and Security Report, Vol. 17, Issue 5, Setember/October 2001

STUDY ON DATA PROTECTION AND PUBLIC ACCESS TO OFFICIAL INFORMATION

THE PORTUGUESE CASE

Diogo Feio
João Pacheco de Amorim
Luísa Neto
(Assistentes da Faculdade de Direito da Universidade do Porto)

Contents:

Introduction

In the Portuguese legal system, regulation of data protection and public access to official information is treated by the Portuguese Constitution and also in several legislative acts.

The first of those acts had been enacted during the early nineties and before publication of Directive 95/46/EC of the 24th October 1995, all the way central to the analysis of this topic. As a result, and notwithstanding the extensive legislative coverage undertaken – almost "avant la lettre", *id est*, before being obligated to undertake the protection given by the Directive –, the Directive has been, for a long time, only partially implemented in the Portuguese legal system. Nevertheless, the constitutional protection made the difference and surmounted the difficulties and the lacks of the ordinary legislation. Indeed, the problems that arise in this field may be referred to a question of a conflict between two rights granted to the individuals or of a collision between a right and a so called community good or value. Mainly, the question here deals with the concepts of 'open administration' or 'open file' and with the need of preserving, for instance, the right to privacy or the so-called 'right to be let alone', in the well known expression used by Warren and Brandeis.

Only in 1998, three years after the Directive, did the ordinary law really take account of all of its provisions, mainly in connection with data protection and also with legalisation of several databases of Portuguese public administration and implementation of administrative measures required by the Directive.

I. LEGISLATION

1. Portuguese Constitution: Right to Privacy and Access to Personal or Public Information

Portuguese Constitution expressly protects individual's right of privacy in its article 26, numbers 1 and 2. Other articles inserted in the Constitution complement this general provision, namely article 35 applicable to computer databases ("all citizens have the right to be informed of any data referring to them and used in computer databases... (number 1) and, unless expressly authorised by law, prevent its use by third parties" (number 2)) and article 268 which establishes the individual's right of information and access to databases or registries of public entities.

After the constitutional revision of 1997, there is also a reference made in article 26 to the question of genetic information. Let us not forget the problems that today can arise from the technical possibilities and that in a near future may determine the need of special legislation. Indeed, the concept of a genetic database is not so far away from the spirit of our present world, being Iceland a good example of the polemics around the subject. The question is nowadays being discussed.

2. Primary Legislation: Right of Access to Public Documents and Right of Privacy and Computer Use

2.1. *Right of Access to Public Documents: Law 65/93, of the 26th August 1993*

In 1993, giving account of the guidelines provided by the Constitution, Portuguese primary legislation (Law 65/93) stipulated that citizens may accede to public ('administrative')[1] documents in conformity with the principles of publicity, transparency, iguality, justice and impartiality (article 1). Those principles are not defined in this law, just because they are commonly seen as basic principles that guide the activity of the Public Administration: that is an imposition of the Constitution, of the Administrative Procedure Code of 1991, and all the way a necessary consequence of the concept of a State of Law.

The access to the documents should be free as far as public documents were concerned (administrative documents). In case of nominative documents, only the individual concerned could accede to them. However, derogations could apply to third parties under the 'direct and personal interest' criteria, in case an authorisation is granted by the individual or if the document can be used without compromising the privacy of the individual.

---

[1] The concept 'document' is defined in article 3 of Law 65/93: "Documents enacted or used by governmental bodies with administrative functions, public institutes and public associations, council bodies and other entities defined by law". Furthermore, article 4 distinguishes between two types of documents:

a) Administrative documents (documents issued or used by public entities);
b) Nominative documents (documents containing personal data).

The concept 'personal data' established in article 4, paragraph 1, c) is equivalent to that adopted in article 2 paragraph a) of the Directive.

Access could be refused in order to protect industrial or intellectual property rights (article 10). The request should be presented in a written form containing a description of the essential features of the document and identification of the applicant (name, address and signature).[2] Within a period of 10 days, the public entity should reach a decision and, if the case, mention dates, local and procedure to accede to the document. In case of refusal, the legal or factual reasoning of its decision shall also be conveyed to the applicant.[3]

2.2. First dispositions about right of privacy and computer use: Law 10/91, of the 29th April 1991

The first approach of the Portuguese common legislator to the topics of personal data protection mainly regarding informatics resulted from Law 10/91, of the 29th April 1991. As we already wrote, this law anticipates in almost four years most of the solutions that would then derive from Directive 95/46/EC of the 24th October 1995. It is clear that the Portuguese legislator was well aware of the international tendencies and concerns, as we may infer from the comparison bellow, essential to the historical comprehension of the Portuguese legal evolution.

Definitions

The concept 'personal data' was defined in article 2 paragraph a) of Law 10/91 as any type of information relating to an individual identified in accordance with the principle of proportionality. In other words, the individual identification should not involve unnecessary or excessive costs.

'Public data' related then to personal information included in public documents excepting confidential information such as address, job description or incapacities mentioned in the birth certificate.

Other definitions were presented in this article such as 'database', 'computer database', 'representative'... all of them in consonance with the definitions provided in article 2 of the Directive. However, at this time, Portuguese legislation did not cover important definitions such as 'consent' or 'third parties' (*stricto* and *lato sensu*). Accordingly, legislation would necessarily have to be updated in order to include all the definitions inserted in the Directive.

---

[2] See article 13 of Law nº 65/93.

[3] *Vide* article 15 of Law nº 65/93.

Scope

Article 3 of Law 10/91 was already equivalent to article 3 of the Directive.

Principles (article 6 of the Directive)

The guiding principles in this field were included in articles 12 and 15 (principles of legality, adequacy, proportionality and transparency), article 14 (data shall be exact and updated) and article 23 (elimination of personal data in accordance with the validity period applicable).[4]

Article 7 of the Directive

This was of one the articles that had not yet been fully implemented in the Portuguese legal system of 1991. For instance, no mention was made in the legislation to individual's consent except in the special cases covered by article 11 paragraph 1, b) of Law 10/91. This article required the consent of the individual only in the field of automatic treatment of personal data relating to criminal sentences, illegal activities, health condition and financial or estate circumstances.[5] Therefore, paragraphs b) to f) of article 7 of the Directive had not been implemented.

Individual's Access Rights

Individual's access rights were generally mentioned in chapter VI (article 27 to 32) of Law 10/91. Accordingly, all citizens when identified could access to data relating to them, without restrictions, unless the Official Secrets[6] or Justice Acts apply.

Regarding this context, Portuguese law was written in a very general way which enabled full reception of the provisions of the Directive (*vide* article 12 of the Directive).

Exemptions to the Right of Access

Portuguese legislation of 1991 already complied with the Directive's provisions.

---

[4] These principles had not been expressly stated in Portuguese legislation but their contents can be inferred from the wording of the law. Indeed, the legal wording adopted followed closely the wording of the Directive (*vide* article 6).

[5] See above that the definition of consent (form, requisites, etc.) was not included in Law n° 10/91.

[6] See Law n° 6/94 (Official Secrets Act).

The Right to Prevent Disclosure of Personal Data (articles 14 and 15 of the Directive)

These articles had not yet been implemented in the Portuguese legal system of 1991.[7]

The Right to be Informed (articles 10 and 11 of the Directive)

These articles were already implemented in the Portuguese legal system of 1991.[8]

Confidentiality and Protection (articles 16 and 17 of the Directive)

These provisions were also already implemented in the Portuguese legal system of 1991.[9]

Chapter II (section IX), Chapter III and Chapter IV of the Directive

Directive's provisions had been already implemented by the Law 10/91.

Codes of Conduct

No initiative had been taken in this field. Therefore, article 27 of the Directive needed to be implemented in the Portuguese legal system.

Supervisory Bodies

Each of the two laws that we have been talking about till now – Laws 10/91 and 65/93 – pictured one supervisory body, so the system counted two authorities in this field. One supervising the access to public documents, 'Commission of Access to Public Documents' (Comissão de Acesso aos Documentos Administrativos) and the other in charge of protecting personal data, 'National Commission for Protection of Computerised Personal Data' (Comissão Nacional de Protecção de Dados Pessoais Informatizados). Thus, in this field, there was also compliance with the Directive´s provisions.

2.3. *The second step in protection of personal data: the Law 67/98, of the 26th October 1998, now applied*

It took the Portuguese legislator three years to give legislative account of the Directive 95/46/EC of the European Parliament and of the

---

[7] *Vide* also commentary made above to article 7 of the Directive.

[8] See Law nº 10/91, article 13.

[9] *Vide* articles 21 and 32 of Law nº 10/91.

Council, of the 24th October 1995, that inspires the guidelines of the system today being object of enforcement in the European Union. Nevertheless, and as we already explained, the system granted in most aspects, sufficient protection to the individuals, not only because of Law 10/91, but also because of the constitutional dispositions, that already had taken account of the main aspects focused by the Directive and of the concerns expressed by that document.

The Law 67/98, of the 26th October 1998 matches perfectly the referred Directive, as we are able to confirm bellow, thus revoking Law 10/91 and Law 28/94, of the 29th August (that had introduced some modifications).

Scope

Article 4 of Law 67/98 matches the article 3 of the Directive.

Definitions

Unlike what we said about Law 10/91, the article 3 of Law 67/98 matches all the definitions proposed by article 2 of the Directive. The law goes even further, making a reference to the interconnection of data (paragraph i)), that is then developed in article 9 of the law.

Quality of data and legitimacy to its treatment

Article 5 of Law 67/98 matches all the dispositions of articles 5 and 6 of the Directive. Also in what regards legitimacy of treatment, there is a perfect coincidence between article 6 of the Law and article 7 of the Directive.

Sensible data

Unlike Law 10/91, Law 67/98 also gives special attention to 'sensible data', treated in article 7 in the same way they are referred to in article 8 of the Directive.

Some innovations of Law 67/98

Law 67/98 has special dispositions about suspicion of illegal activities, criminal offences and administrative offences in its article 8, and about interconnection of personal data, in its article 9.

Also unlike Law 10/91, the Law of 1998 makes a direct and long reference in its article 10 to a right to information (articles 10 and 11 of the Directive), and to a right of access in its article 11 (article 12 of the Directive). Even more significant is the prevision of a right of opposition and need of consent in article 12 of the Law 67/98, thus matching the article 14 of the Directive, and putting an end to the lack of express regulation in Law 10/91. As we already wrote, in the system of 1991 this need of consent was only imposed about automatic individual decisions. Dispositions about these ones can now be found in article 13 of Law 67/98 (equivalent to article 15 of the Directive).

Matters concerning security and confidentiality are treated in articles 14 to 17 of the Law just matching the rules expressed in articles 16 and 17 of the Directive.

Also the transference of personal data to other countries, inside and outside European Union, is now regulated in articles 18 to 20 of Law 67/98, just in the way pointed out by the articles 25 and 26 of the Directive.

Supervisory bodies

The Law 67/87 stills predicts the existence of a 'Comissão Nacional de Protecção de Dados', in its articles 21 to 26, and article 24 stipulates a duty of co-operation. The Portuguese legislator took account of the guidelines of article 28 of the Directive.

Also the questions about notification, previous control and publicity of the personal data treatment were object of the articles 27 to 31 of the Law in the way suggested by articles 18 to 21 of the Directive.

Codes of conduct

The codes of conduct, not predicted in Law 10/91, are now pointed out by article 32 of the Law, in consonance with article 27 of the Directive.

Administrative and judicial protection

This matter is now regulated in articles 33 to 42 of the law, matching articles 22 to 24 of the Directive, in a way that doesn't differ much from the one adopted by Law 10/91.

The fact that Law 67/98 expressly tipificates some cases of criminal offences in this field – articles 43 to 50 of the law – is of great importance, because it shows the relevance given to the individuals rights and to the social goods here in presence.

3. Other laws that develop the system built by Law 67/98

Law 67/98 has also been complemented by the Law 69/98, of the 28th October, that regulates the treatment of personal data and the protection of privacy regarding telecommunications, thus matching the Directive 97/66/EC of the European Parliament and of the Council, of the 15th December 1997. It gives special emphasis to the questions of security and confidentiality that have to be taken account of in an era of new technological possibilities.

Also the Decree of Law 122/2000 matches the Directive 96/9/EC of the European Parliament and of the Council, of the 11th March, regarding the legal protection of databases. This text gives special attention to the matters of multispacial situations and of intellectual and industrial property, in a way that in a certain manner follows Decree of Law 16/93, regulating the management, conservation and access to archives. Personal data was already protected in article 17 which prevented disclosure of documents containing personal information of judicial, criminal or health nature. Further limitations would apply to preserve personal security and privacy.

4. Other Legislation

The Portuguese legal system contains other legal instruments that interact with data protection and public access to official information.

Special mention shall be made to the following secondary legislation: Decree of Law 442/91 and 6/96, Decree of Law 267/85, and Decree of Law 298/92.

Decrees of Law 442/91 and 6/96 (Administrative Procedure Code)

Article 62 of this Decree grants the right to accede to documents relating to administrative proceedings. However exceptions apply to nominative documents with personal data, classified documents or documents disclosing industrial or intellectual property secrets.

Decree of Law 267/85 (Procedure Law in Administrative Courts)

The relevant provision is article 82. It regulates a special proceeding of judicial intimation to obtain a certain information or document from the

Administration, but it restricts the right of access to documents in the following cases:

a) national defence
b) public security and external policy and,
c) protection of private and family life.

Decree of Law 298/92 (Legal Regime of Financial Institutions)

Bank secrecy is protected namely, by articles 78 and 79 of Decree of Law 298/92.

Accordingly, employees of financial institutions shall not disclose any information concerning names, bank accounts or other banking operations of their clients.

Exceptions are accepted in the following cases:

a) client's consent
b) if conveyed to the Bank of Portugal
c) if conveyed to the Stock Exchange Commission
d) if conveyed to the Accounts Guarantee Fund
e) if covered by criminal law and,
f) if covered by other legislation which expressly limits bank secrecy.

II. JUDICIAL DECISIONS

1. Some decisions of the Constitutional Court

As we said, these are matters that deeply concern the constitutional community, because they deal with some fundamental rights. Just for a quick reference, we can point out some decisions in which those topics have been discussed by the Constitutional Court.

Thus:

- Acórdão 182/89, about the concept of 'personal data';
- Acórdão 176/92, about restriction of the right of access because of the right to privacy regarding nominative documents;
- Acórdão 394/93, also about restriction of the right of access because of the right to privacy regarding nominative documents;

- Acórdão 514/94, about the publicity of the income of politicians;
- Acórdão 278/95, about the secrecy of bank accounts;
- Acórdão 355/97, about the protection of private life *versus* informatics, and
- Acórdão 254/99 discussing the limits to the right to information as a matter of conflicts of rights.

2. Decisions of the Administrative Courts

- *Administrative Supreme Court, Case of 6 October 1994,* Acórdãos Doutrinais do Supremo Tribunal Administrativo, 1ª Secção, p. 905-917.

This case addresses the important issue of interaction between access to public information and data protection. It is worth noting that the plaintiff in this case is a company (corporate entity) and consequently, falls outside the scope of the Directive. However, the legal reasoning can equally be followed, with the necessary adaptations, in case of individuals or single companies.

The main provisions dealt in this case were: article 7 of Law 65/93 (right of access), article 2 of Law 10/91 (definition of personal data) and article 62 of the Administrative Procedure Code (right of access to public documents).

The plaintiff requested from the Ministry of Finance information relating to their commercial and financial structure namely, copies of documents and database information. They claim also access to documents which has been object of investigation by Portuguese judicial authorities (Procuradoria Geral da República). These investigations could eventually lead to criminal charges.

Surprisingly and mainly due to strict compliance with the law, the Supreme Administrative Court refused all claims presented by the plaintiff. Refusal of access to documents of the Ministry of Finance was firstly justified on the grounds that the plaintiff did not identified the documents requested. Secondly, the court based its reasoning upon articles 61 of the Administrative Procedure Code and number 5 of the article 7 of Law 65/93 which limits, temporarily, the right of access in case of pending administrative or judicial proceedings.

As far as database information was concerned, the court dismissed the claim on the grounds that Law 10/91 ('Right of Privacy and Computer Use') applied only to individuals leaving aside corporate entities.

This decision raises important questions in the field of limitations to the right of access and conciliation between 'private' and 'public interests. First, formal requisites (e.g. 'detailed' identification of document) may easily jeopardise the exercise of this right. Second, the exceptions present in this case (e.g. pending proceedings which can eventually lead to criminal charges) severely limited the right to accede to public information. The principle of legality and enforcement of public security were the underlying rational in this decision, prevailing over the right of access to public information.[10]

– *Administrative Supreme Court, Case of 14 February 1996,* Acórdãos Doutrinais do Supremo Tribunal Administrativo, 1ª Secção, p. 873-879.

This case illustrates another example of conflict between the right of access to public information and data protection. The main provisions dealt in this case are: article 62 of Decree of Law 267/85 (*right of access to public documents)* and article 4 of Law 65/93.

The plaintiff requested access to documents of tax administration and relating to a third person (a deceased person). The request was made in order to instruct proceedings already initiated against tax administration in the field of inheritance tax.

Tax administration denied access to documents on the grounds of secrecy and confidentiality of taxpayer's affairs, safeguarded in several tax provisions (e.g. article 17 of the Tax Procedure Code).

The court rejected the legal reasoning of tax administration by qualifying the documents as 'public', in accordance with article 4 of Law 65/93, and through application of article 82 of Decree of Law 267/85 (exceptions to the right of access).

---

[10] In another case, access to public information (e.g. meeting briefings) was enforced by the court with recourse to the principle of transparency (*see Administrative Supreme Court, Case of 10 January 1989*, Acórdãos Doutrinais do Supremo Tribunal Administrativo, 1ª Secção, p. 744-750).

Accordingly, if none of the above mentioned exceptions can be established, access to public documents cannot be restricted. Both principles of transparency and 'open administration' have been argued by the court to justify its decision.

– *Administrative Supreme Court, Case of 29 October 1996,* 1ª Secção, Cadernos de Justiça Administrativa nº 1, Jan/Fev 1997, p. 29-34.

This case takes account of the judicial intimation to the Administration in order to the access to procedure documents, regarding a selection to a public contract. The Court discusses if the limits of number 2 of the article 62 of the Administrative Procedure Code applies to elements of the *curricula vitae*, and if those elements are or are not protected by the right of privacy.

3. Decisions of the Supervisory Bodies

Decisions of the 'Commission of Access to Public Documents' (Comissão de Acesso aos Documentos Administrativos) and of the 'National Commission for Protection of Computerised Personal Data' (Comissão Nacional de Protecção de Dados Pessoais Informatizados), mainly about databases and disclosure of personal data, can be found in their internet sites.

III. CONCLUSIONS

From the above, it can be concluded that Directive's provisions have been fully implemented in the Portuguese legal system.

Particular attention shall be paid in the field of disclosure of personal data and implementation of legal frameworks through codes of conduct. In this context, recently, Portuguese press pointed out the urgent need for legalisation of certain databases (*vide* General Directorate of Taxes and public hospitals) whose abusive use may violate individual's rights to privacy. The three main areas of concern and now in discussion are the ones of bank secrecy and taxes, health and clinical information, and of the possibilities surrounding genetic information and identification.

REFERENCES

AA VV, *Direito da Sociedade de Informação*, Volumes I (1999) e II (2001), Coimbra Editora

AA VV, *As Telecomunicações e o Direito da Sociedade da Informação*, Instituto Jurídico da Comunicação, 2000

ASCENSÃO, Oliveira (com Pedro Cordeiro, Silke Von Lewinsky, José Lopes da Mota, Carlos Uide, António Macedo Vitorino), *Sociedade da Informação – Estudos Jurídicos*, 1999

BELLEFONDS, Xavier Linant, *A informática e o Direito*, Colecção Jurídica Internacional, 2001

CASIMIRO, Sofia de Vasconcelos, *A responsabilidade civil pelo conteúdo da informação transmitida pela Internet*, 2000

CONDESSO, Fernando, *Direito à Informação Administrativa*, Lisboa, 1995

GONÇALVES, Maria Eduarda, *Direito da Informação*, 1994

MARQUES, Garcia e Lourenço Martins, *Direito da Informática*, 2000

OLIVEIRA, Mário Esteves de, Pedro Gonçalves, João Pacheco de Amorim, *Código de Procedimento Administrativo Comentado*, 2ª edição, Coimbra, 1997

PEREIRA, Alexandre Dias, *Comércio Electrónico na Sociedade da Informação: Da segurança técnica à confiança Jurídica*, 1999

PEREIRA, Alexandre Dias, *Informática, Direito de Autor e Propriedade Tecnodigital*, Studia Juridica 55, Coimbra Editora, 2001.

ÍNDICE

Regulating electronic commerce: Europe in the global economy
Ian Walden

O comércio electrónico. Algumas questões jurídicas
Mário Castro Marques

Comércio electrónico e transferências electrónicas de fundos
Maria Raquel Guimarães

O insustentável peso de ser multinacional na era do comércio electrónico: presença tributária e atribuição de lucros
Rita Tavares de Pina

A tributação do comércio electrónico
Adérito Vaz Pinto

Private International Law & E-Finance – The European Perspective
Julia Hornle

Study on data protection and public access to official information. The Portuguese case
Diogo Feio, João Pacheco de Amorim e Luísa Neto